KB122565

무심코 사용하는
성차별 언어

왜요,
그게 차별
인가요?

왜요, 그게 차별인가요?

무심코 사용하는 성차별 언어

초판 1쇄 펴낸날   2023년 2월 15일
초판 3쇄 펴낸날   2024년 9월 10일

지은이 박다해
펴낸이 이건복
펴낸곳 도서출판 동녘

편집 이정신 이지원 김혜윤 홍주은
디자인 김태호
마케팅 임세현
관리 서숙희 이주원

만든 사람들
편집 이지원 구형민   **디자인** 스튜디오 헤이, 덕

인쇄·제본 영신사   **라미네이팅** 북웨어   **종이** 한서지업사

등록 제311-1980-01호 1980년 3월 25일
주소 (10881) 경기도 파주시 회동길 77-26
전화 영업 031-955-3000 편집 031-955-3005 **팩스** 031-955-3009
홈페이지 www.dongnyok.com **전자우편** editor@dongnyok.com
페이스북·인스타그램 @dongnyokpub

ISBN 978-89-7297-073-6 (43710)

- 잘못 만들어진 책은 구입처에서 바꿔 드립니다.
- 책값은 뒤표지에 쓰여 있습니다.

무심코 사용하는
성차별 언어

왜요,
그게 차별
인가요? 박다해 지음

동녘

무심코 사용하는
생활 속 성차별 언어

"요즘은 '젠더 갈등'이 문제래." "여혐·남혐 이런 거 둘 다 싫어." "여성가족부는 여성에게만 특혜를 주니까 없어져야 해." "요즘은 남성이 역차별을 받는 '여성 상위 시대'지."

혹시 이런 이야기 들어 본 적 있어? 신문이나 방송 뉴스, 온라인 커뮤니티, SNS 등 우리 주변에서 쉽게 접할 수 있는 얘기야. 이런 이야기는 얼마나 사실일까?

실제로 우리나라에서는 2015년 이후 다른 어느 나라에서보다 페미니즘을 둘러싼 논의가 활발하게 이루어지고 있어. 2015년에는 온라인상에 만연하던 여성 혐오 표현을 거울에 비춘 것처럼 바꿔 말한다는 의미의 '미러링'이라는 표현이 인터넷에서 폭발적으로 터져 나왔어. 2016년에 일어난 강남역 여성 살해 사건은 여성들이 안전에 대해 일상에서 느끼는 불안이 어느 정도인지, 여성을 대상으로 하는 폭력이 얼마나 심각한지 알리는 계기가 됐고.

그런가 하면 2016년에는 문학계나 영화계 등 예술 분야에서 만연하던 성폭력을 SNS를 통해 고발하거나 페미니스트라는 이유로 직장에서 부당한 일을 겪은 이들을 지지하는 해시태그 운동이 일어났어. 불법 촬영, n번방 범죄 등 디지털 시대 새로운 형태의 성폭력에 대항하는 시위와 여성의 일상, 특히 일하는 현장에서 권력 관계에 기반해 발생하는 성폭력을 고발하는 '미투'(Me, too: 나도 고발한다) 운동도 가장 활발하게 일어난 나라야. 교제 살인, 스토킹, 온라인 그루밍처럼 이성 관계에서 주로 여성을 대상으로 발생하는 폭력이 주목받기도 하고, 여성에게 강요돼 온 외모 강박에서 벗어나야 한다는 '탈코르셋' 운동도 널리 퍼졌지.

가장 역동적인 나라답게, 짧은 시간 안에 페미니즘 이슈가 쏟아졌어. 그러다 보니 그 과정에서 혼란스러워하거나 심지어 반발하는 이들이 자연스럽게 나타났지. 한국은 그동안 정치·경제적으로 발전해 온 데 견주어 성평등 이슈는 상대적으로 많이 논의되지 못했거든. 아마 이 글을 읽고 있는 이들도 한 번쯤은 페미니즘을 두고 고민해 본 적이 있을 거야. 페미니즘 때문에 주위 사람들과 갈등을 겪은 경험이 있을지도 모르고.

이 책에서는 바로 이 페미니즘과 성평등에 조금 더 쉽게 다가가 보려고 해. 무엇보다 우리가 일상생활에서 자주 보는 장면이나 사용하는 언어가 어떻게 페미니즘과 연결돼 있는지 짚어 봤어. 이를테면 나도 모르게 사용하는 성차별적 언어가 혹시 없었는지 점검해 볼 수 있지. 성범죄 기사를 읽을 때 왠지 불편한 점이 있었다면 그게 어떤 표현 때문이고 왜 그렇게 느꼈는지 살펴볼 수도 있고. 도대체 페미니즘이 무엇이고 왜 필

요한지 의문을 품었다면 마지막 장부터 읽어 봐 도 좋아.

　이른바 '젠더 갈등'이라 불리는 현상이 튀어나오 는 이유는, 사실 '페미니즘' 자체 때문이라고 보기는 어려워. 오히려 우리 사회가 아직 페미니즘을 제대로 이해하지 못하기 때문에 관련 논의를 '갈등'으로밖에 보지 못하는 한계가 존재하는 거지. 즉 서로 '여혐'이다 '남혐'이다 싸우는 일이 반복되는 걸 원하지 않는다면, 가장 좋은 해결책은 바로 페미니즘이 무엇인지 고민해 보고 그 고민을 함께 나누는 거야. 이 책이 서로 고민을 나누는 계기가 될 수 있기를 바라.

차례

1장

내가 쓰는 언어가
차별적이라고요?

2장

고정 관념이나 편견 말고, 우리에게 '진짜' 중요한 것

3장

우리는 사물이나 대상이 아니거든요!

우리 새 유니폼 어때요?

4장

꿈꿉니다, 성별이 내 미래를 결정하지 않는 사회

내가 쓰는 언어가 차별적이라고요?

매일 읽고, 쓰고, 말할 때 사용하는 언어는 우리의 생각을 가장 잘 담아내는 수단이야. 나도 모르게 형성된 무의식이 언어에 반영되기도 하고, 또 어떤 언어를 쓰는지가 사고방식에 영향을 끼치기도 하지. 그런데 무심코 사용해 온 단어가 혹시 누구를 배제하거나 차별하는 단어라면 어떨까? 세상은 계속 바뀌어 가는데 옛날에 쓰던 방식을 고집하는 단어는 괜찮을까? 무심코 사용하는 성차별적인 표현이 없는지 한번 확인해 보자.

'여검사' '여기자' '여배우'가 왜 문제야?

남성은 주류, 여성은 비주류?

<법원 "과녁에 여교사 세우고 활 쏜 교감, 강등 정당">(YTN, 2020.01.25)

<'아침마당' 출연 김창숙, 70년대 대표 여배우>(조이뉴스24, 2020.10.20)

<'벤츠 여검사' 연루 전직 변호사, 자격 없이 법률 자문해 징역형>(조선일보, 2020.01.30)

<마스크 안 쓰는 트럼프, 마스크 6초 벗은 여기자에게…>(조선일보, 2020.05.19.)

위 문장은 지난 2020년에 언론사가 보도한 기사의 실제 제목이야. 기사 내용은 각각 다르지만, 제목에서 직업명 앞에 성별을 나타내는 '여' 자를 붙였다는 점은 모두 같아. 이 네 사례 말고도, 신문이나 방송 뉴스에서 접두사 '여'를 붙여 직업을 나타내는 단어를 많이 봤을 거야. '여교수' '여직원' '여의사' '여대표'처럼 말이야. 워낙 자주, 널리 쓰이기 때문에 언뜻 들으면 "뭐가 문제야?"라고 되물을 수도 있어.

그렇지만 이처럼 직업 앞에 '여' 자를 붙이는 건 그 자체로 여성을 '부수적인 존재'로 만든다는 점에서 대표적인 성차별

적 용어로 꼽혀. 실제로 이런 단어에 문제의식을 느껴 바꾸려
는 움직임도 있고. 아니, '여고' '여대'도 있는데 '여'를 붙이는
것이 왜 문제가 될까?

'여○○'라는 용어가 성차별적인 이유는 무엇보다 직업이
있는 사람의 기본값을 '남성'으로 설정하기 때문이야. 위에서
말한 직업에 반대로 남성을 나타내는 '남' 자를 붙여 보자. '남
교사' '남검사' '남배우' '남기자'⋯⋯. 어때, 어색하지? 게다가
이렇게 쓰는 경우는 거의 본 적이 없을 거야. 그 이유는 '검사'
라고 쓰기만 해도 사람들이 으레 그 사람을 '남성'으로 인지하
는 데 큰 지장이 없기 때문이지. 즉 어떤 직업이건 '남성'임을
전제하기 때문에 여성이 그 직업에 종사할 경우 성별을 나타
내는 접두사 '여'를 덧붙여 기존의 관습과는 다른 예외적인 존
재임을 알려 주는 거야.

이는 오랫동안 여성이 집 안에서 가사 노동을 하고, 남성만
이 직업을 갖던 시대의 가부장적 문화를 반영한 것이기도 해.
역사적으로 여성에게 허용되지 않았던 직업에 여성이 진출하
면서 '여' 자를 붙이기 시작한 거야. 이렇게 하면 같은 직업 집
단 안에서도 남성을 주류로 전제하고, 여성을 비주류로 여기
게 만드는 효과가 있지.

한국어만 그런 것은 아니야. 영어에서도 오랫동안 많은 직

업명이 '남성'(man)을 기준으로 쓰여 왔기 때문에 이를 바꿔서 사용하고 있어. 예를 들어 소방관은 '파이어맨'(fireman)인데 이제는 '파이어파이터'(firefighter)라고 쓰지. 같은 방식으로 '폴리스맨'(경찰: policeman)은 '폴리스 오피서'(police officer)로, '메일맨'(우체부: mailman)은 '메일 캐리어'(mail carrier)로, '체어맨'(의장:chairman)은 '체어퍼슨'(chairperson)으로 바꿔 부르는 거야.

어때, 바뀐 단어들 안에 특정 성별을 나타내는 표현이 없지? 이처럼 성별에 따른 차별이 담기지 않은 단어를 가리켜 '성 중립적인 용어'라고 말하기도 해.

'직업인'이 아닌 '여성'으로 평가받는 여성들

사실 더 큰 문제는 이런 단어가 종종 특정 직업에 종사하는 여성들을 싸잡아 비하하거나 차별하거나 성적으로 대상화하는 데 사용된다는 점이야. 직업인으로 전문성을 평가받기보다 '여성'이라는 성별을 기준으로 평가받는 일도 빈번하게 일어나게 돼.

혹시 2019년에 온라인을 떠들썩하게 했던 일명 '대림동 여경' 논란 기억나? 취객을 제압하는 여성 경찰의 모습이 담긴 영상 중에서 일부만 잘라 올린 내용이 온라인에 삽시간에 퍼졌는데, 영상과 함께 "여경은 능력이 부족하다" "여경을 뽑으면 안 된다"는 식의 무용론이 함께 번져 나갔어. 전체적인 상황이나 맥락을 고려하지 않은 채 순식간에 모든 여성 경찰을 '여경'이라는 하나의 집단으로 지칭하고 '무능력한 존재'로 여기게 만든 거지. 전문가들은 "짧은 영상만 놓고 여성 경찰관의 대응을 질타하고 여경 제도의 필요성을 부정하는 것은 '여성'이라는 이유로 경찰로서의 전문성을 인정하지 않으려는 편견이 작동한 것"(곽대경 동국대 경찰행정학과 교수)이라고 지적했어.

이때 접두사 '여'는 여성 경찰을 하나의 동일한 집단으로 묶어 지칭함으로써 이들을 손쉽게 비난하고 해당 성별의 존재 자체를 부정하게 만드는 역할을 했어. 서울YWCA는 2020년 9월 〈대중매체 양성평등 내용분석 보고서〉를 펴내면서 "'여공무원' '여경'과 같은 단어는 신체적 특징 때문에 여성이 해당 업무에 적절하지 않다는 인식을 갖게 할 수 있기에 문제적이다"라며 "언론사가 여전히 직업과 업무의 부적절성 혹은 편견을 담은 의미로 직업 앞의 접두어로서 '여'를 활용하고 있다"고 비판하기도 했지.

여성 정치인에 대해서도 다르지 않아. 유독 여성 정치인은 어떤 일을 하는지보다 어떤 옷을 입고 화장을 어떻게 하는지 등 외모로 평가받는 경우가 많아. 류호정 정의당 의원이 빨간 원피스를 입었다는 이유만으로 온갖 비난과 성희롱성 댓글에 시달린 것이 대표적인 사례지. 2012년에는 여야 정당 대표가 모두 여성이었는데, 이때 한 신문은 "사상 첫 여대표와 여대표가 만났다"고 보도했어. 기사에서는 가장 먼저 "이날 두 사람의 '드레스 코드'는 같았다. 일하는 여성이 많이 입는 '테일러드 재킷'(남성풍 재킷)에 모노톤의 바지 차림이었다"라고 적었고.

두 남성 정치인이 만날 때 옷차림을 먼저 평가하는 일은 거의 없어. 이처럼 '여성 정치인'이라고 명명한 뒤 정치인으로서의 능력보다 외적인 면을 강조하는 건 "여성은 언제나 외모를 관리해야 한다"는 편견을 강화하는 역할을 하기도 해.

물론 예외적으로 '여성'이라는 점을 꼭 나타내야 하는 경우도 있어. 예를 들어 〈법무검찰개혁위 "고위급 여검사 늘리고 임용 때 성차별 점검" 권고〉(연합뉴스, 2020.09.21) 같은 기사처럼 말이야. 그렇지만 이때도 '여검사'보다 '여성 검사'라고 지칭해야 더 정확하지 않을까?

최근에는 이런 접두사가 성차별적이라는 지적에 공감한 일부 언론사에서 이런 표현을 지양하자는 논의가 이뤄지고 있어. 실제로 '여'를 떼고 보도하는 언론사도 있고. 그런데 사실이 접두사만 문제는 아니야. 서울시여성가족재단은 2018년에 시민들의 의견을 바탕으로 개선해야 할 성차별 언어를 발표했는데, 직업 앞에 '여' 자를 붙이는 것과 함께 학교명 앞에 '여자'를 넣는 것, 여성의 대명사를 '그녀'로 표현하는 것도 꼽았어.

습관적으로 썼던 말이 사실은 여성을 부수적이거나 예외적인 존재로 여기게 만들었다는 것, 정말 놀랍지 않아? 예컨대 역사를 뜻하는 영어 단어도 '남성'(he)과 '이야기'(story)를 합쳐서 만들어진 '히스토리'(history)잖아. 즉 '남성들의 이야기' 안에서 여성의 삶은 항상 뒷전으로 밀리거나 아예 삭제돼왔던 역사가 '여○○'라는 단어 안에 고스란히 담겨 있는 셈이야.

이 글 맨 앞에 나온 기사 제목에서 '여' 자를 떼고 각각 '교사·배우·검사·기자'로 바꿔 넣어 볼까? 어때, 뜻이 바뀌거나 잘못 전달되는 것도 아니지? 오늘부터 일상생활에서 '여'를

떼고 말하는 연습을 해 보면 어떨까? 다양한 직업에 종사하는
여성들을 존중하는 첫걸음이 될 거야.

몰카와 불법 촬영은 무슨 차이일까?

○○ 경제

화장실서 고등학생 몰카 찍던 30대

○○일보

휴대폰에 몰카 수십 개 영상 발견

요즘은 왜 이리 세상이 시끄럽지. 모든 게 뉴스거리가 되니, 원.

난 더 시끄러워져야 한다고 봐. '몰카'라는 말부터 바로잡아야지!

'몰래카메라'라는 말 많이 들어 봤지? '몰카'라는 줄임말이 더 친숙할 수도 있겠다. 언제 어떤 상황에서 이 단어를 보거나 사용했는지 잠깐 생각해 볼까?

아마 크게 두 경우일 거야. 하나는 상대 모르게 깜짝 장난을 칠 때, 특히 이 장난 때문에 튀어나오는 놀라거나 웃긴 반응을 영상으로 촬영해 유튜브나 방송에 내보낼 때 보통 '몰카 영상'이라고 하지.

또 하나는 사건·사고를 알리는 뉴스에서 많이 사용하지. 상대의 동의를 구하지 않은 상태에서 몰래 사진이나 영상을 찍고, 이걸 개인이 갖고 있거나 타인에게 보내 주거나 인터넷에 올릴 때도 '몰카'라는 표현이 많이 쓰여. 특히 온라인 기사 제목에서 많이 봤을 거야. 〈휴대폰에 몰카 수십 개 있었다〉 〈화장실서 고등학생 몰카 찍던 30대〉 이런 제목이 달린 기사를 찾기는 어렵지 않아.

이처럼 '몰카'는 상대의 동의를 구하거나 미리 알리지 않고 '몰래' 하는 행위를 뜻하는 단어야. 하지만 글자만 똑같지 의미는 사뭇 다르지? 그래서 두 의미를 구분하기 위해 범죄에 해당하는 두 번째 상황에서는 '몰카'라는 말 대신에 '불법 촬영'이라고 해야 한다는 논의가 이루어졌어. '장난'과 '불법 행위'는 엄연히 다른 영역에 있다는 판단에서지.

이런 구분이 구태여 왜 필요한지 보려면, 먼저 '몰래카메라'(몰카)라는 말이 언제부터 흔하게 쓰였는지 살펴보면 좋을 것 같아. '몰래카메라'는 지난 1990년대에 처음 만들어진 용어야. 1991~1992년 MBC 예능 프로그램 중에 〈이경규의 몰래카메라〉라는 프로그램이 있었어. 인기 있는 연예인들을 돌발 상황에 빠지게 하고, 그 상황에서 당황한 연예인들의 모습을 내보내 시청자들의 웃음을 자아냈어. 당시 시청률이 무려 70%를 웃돌 정도로 전 국민적인 인기를 누렸다고 해. '몰래카메라'라는 말이 일상적으로 쓰인 것도 이때부터지.

흥밋거리가 된 범죄

최근에는 여러 유튜브 채널에서도 이러한 프로그램 형식을 참고한 비슷한 영상이 종종 발견돼. 이 '몰래카메라' 프로그램 형식의 공통점은 즐거움과 웃음을 주기 위해 만들어졌다는 거야. 몰래카메라의 대상이 깜짝 놀라거나 멍하게 반응하는 모습, 또는 예상 밖의 모습을 보이면서 보는 이로 하여금 웃음을 자아내게 하지. 이런 경우 처음 장난칠 때는 대상이 당연히 깜짝 놀랄 수밖에 없는데, 그 반응을 대중에게 공개하는데는 아무래도 상대의 동의를 구하는 과정이 존재했겠지? 유튜브 영상도 '깜짝카메라'를 한 뒤에 대개 촬영자가 누구이며이 영상이 왜 촬영됐고 어떻게 공개될지를 설명하고 동의를구할 거야.

그런데 이 '몰카'가 범죄에 쓰이기 시작해. 단어는 같은데쓰이는 상황이 완전히 달라졌어. 상대의 동의를 구하지 않고,말 그대로 상대의 신체 부위를 '몰래' 촬영하는 거야. 주로 일상생활에서 잘 보이지 않는 은밀한 곳을 촬영하는 형태의 범죄가 많아. 이 때문에 화장실이나 탈의실에서 '몰카'가 발견됐다는 뉴스를 많이 접했을 거야. 이렇게 상대 몰래 촬영하는것 자체가 범죄이지만 그 결과물을 친구들에게 공유하거나단톡방에 올리는 것도 범죄야. 신고할 경우 처벌이 가능한, 명백한 '불법 행위'라는 뜻이지.

이 단어가 범죄에 점점 많이 등장하자 사람들이 궁금증을제기해. '몰래카메라'라는 말은 보통 오락거리와 예능 소재로쓰였던 말, 즉 즐겁고 재밌는 의미로 쓰이던 말인데 이 말을범죄에 붙이는 게 맞을까? 혹시 이 단어로 인해 범죄의 심각성이 제대로 드러나지 않는 것 아닐까? 특히 이 '몰카'는 초기에 범죄라는 인식보다 '흥밋거리'로 다뤄지는 일이 잦았어. 그러다 보니 이 범죄의 심각성을 알리기에는 '몰카'라는 말이 적당하지 않다는 움직임이 생긴 거야. 대신 범죄 행위라는 사실을 누구나 쉽고 분명히 알 수 있게끔 '불법 촬영'이라고 바꿔 부르자는 캠페인이 벌어졌지. 일부 언론사들도 나서서 이런 지적을 반영해 '몰카'라는 말 대신에 '불법 촬영'이라는 말을 쓰기 시작했어.

'몰래카메라' 아니고 '불법 촬영'

불법 촬영 범죄는 옛날 예능 프로그램에서 '몰래카메라' 장난을 치는 것처럼 흥밋거리로만 여길 만큼 결코 가벼운 일이 아니야. 만약 얼굴도 모르는 어떤 사람이 공중화장실에 카메라를 몰래 설치하고 내 모습을 찍는다면? 생각만 해도 끔찍하지? 게다가 내가 알지 못하는 사이 내 사진이 온라인에 퍼진다면? 나한테 어떤 동의도 구하지 않은 채 말이야.

불법 촬영 피해자들은 오랫동안 불안에 시달리는 등 정신적으로 힘들어한다고 해. 평생 그 상처를 안고 살아야 하는 거지. 그러니까 우리부터 불법 촬영 범죄의 심각성을 인식하고

'몰카'라는 말 대신 '불법 촬영'이라고 정확하게 말해야 하지
않을까?

저출산 대신 저출생, 유모차 대신 유아차

"한국은 유례없는 저출산 국가다." 뉴스나 교과서에서 이런 말 들어 본 적 있을 거야. 실제로 한국은 해마다 태어나는 신생아 수가 점점 줄어들고 있다고 해. 이렇게 신생아가 줄어들면 나라를 구성하고 지탱할 사람들이 줄어드는 셈이니 사회적으로 중요한 문제지. 그런데 이 문장에서 우리가 다시 생각해 봐야 할 단어가 있어. 다음 문단으로 넘어가기 전에 한번 생각해 볼까?

각자 어떤 답을 떠올렸을지 궁금하네. 물론 저 문장 자체가 틀린 건 아니야. 하지만 우리는 '저출산'이라는 말을 한 번 더 생각해 볼 필요가 있어.

'출산'은 한자로 '나다, 태어나다, 낳다'라는 뜻이 있는 '출'(出)이라는 한자와 역시 '낳다'라는 뜻이 있는 '산'(産)이라는 한자를 쓰고 있어. 즉 이 단어는 아이를 낳는 쪽인 여성에게 초점이 맞춰져 있지. 그런데 '저출산'이 사회적으로 문제가 된다는 이야기가 자꾸 나오자 저출산을 모두 여성 탓으로 여기는 분위기가 형성되기도 했어. 아이를 낳지 않는 여성을 이기적이라며 비난하기도 하고.

그런데 아이를 낳는 건 부부가 함께 의논해서 결정하는 일이잖아. 여성이 결혼이나 출산을 하지 않는 것도 존중받아야 하는 개인의 결정이자 선택이고. 아이를 낳고 기르는 걸 주저하게 만드는 여러 가지 사회적 문제도 존재해. 이를테면 출산한 여성의 경력이 단절되면서 함께 입사한 남성과 임금 격차가 점점 벌어지는 것처럼 말이야.

한국은 경제 협력 개발 기구(OECD) 국가 가운데 성별 임금 격차가 가장 큰 나라야. 같은 대학교를 나온 여성과 남성의 진로를 추적해 봤더니, 남성은 대개 회사에서 높은 자리에 올라가 자리 잡은 반면 여성은 전업 주부가 돼 있었다는 결과가 나온 적도 있어. 이러한 차별은 여성으로 하여금 결혼과 출산을 기피하게 만드는 요소가 되기도 해.

성중립적 표현이란 뭘까?

어때, 이런 상황과 맥락이 존재하는데도 정말 '저출산'을 오로지 아이를 낳지 않는 여성 탓으로 돌릴 수 있을까? 쉽게 동의하기 어렵지? 그래서 대안으로 떠오른 말이 바로 '저출생'이야. '출생'(出生)은 '세상에 나오다'라는 의미로, '엄마'가 아닌 '아기'가 주체가 되는 말이지. '저출산'이라는 말을 워낙 오

랜 기간 써 와서 아직은 섞여 쓰이지만, '낳음' 대신에 '태어남'
이라는 말을 선택해서 사용하자는 움직임이 퍼지고 있어. 이
런 말을 '성중립적인 표현'이라고 해. 성차별적 요소를 제거한
단어라는 뜻이야.

이와 비슷하게 여성의 선택을 존중하기 위해 바꿔 부르는
단어도 있어. 바로 '낙태'(落胎)라는 단어야. 낙태는 '태아를 떨
어뜨리다'라는 의미로, 역시 여성에게 죄책감을 심어 준다는
지적이 오랫동안 제기돼 왔어. 그동안 낙태와 관련해서는 정
작 임신을 한 여성의 목소리가 담기지 않는다는 지적도 있었
고. 이 때문에 임신한 여성이 자신의 뜻에 따라 임신을 중지할
권리를 주장하는 과정에서 '임신 중지'라는 말로 대체해 부르
자는 운동이 일고 있어. 임신을 중지하는 행위를 결정하는 주
체는 다른 누구보다 여성 당사자여야 하고, 이들의 권리가 좀
더 존중받아야 한다는 의미에서야.

일상 속 성차별 언어

이 밖에도 성차별적인 요소가 들어간 단어는 우리 주변에
생각보다 많아. 그래서 비슷한 맥락에서 '유모차'를 '유아차'로

바꿔 부르자는 움직임도 일고 있지. '유모차'는 가운데에 어미 '모'(母)라는 한자가 들어가. 어리다는 뜻을 지닌 젖 '유'(乳)라는 한자를 함께 써서 '어린아이를 태워서 엄마가 밀고 다니는 차'라는 의미를 담고 있는 거야.

그러나 아이를 달래고 돌보고 키우는 건 엄마만의 일이 아니라 '엄마와 아빠'가 함께해야 하는 일이라는 인식이 점점 널리 퍼졌어. 그래서 '엄마'가 아닌 '아이'를 중심으로 단어를 바꿔 '유아차'(乳兒車)라고 하자는 의견이 있어. 아이 돌보는 일을 엄마에게만 전가하지 않고 돌보는 대상에게 집중한 성중립적 언어로 쓰는 편이 성평등에 좀 더 도움이 된다는 의미야. 요즘에는 아빠가 '유아차'를 끄는 모습도 자주 볼 수 있는데, '유모차'라는 말을 계속 쓰면 아무래도 어색할 수 있겠지?

서울시여성가족재단은 이처럼 우리가 무의식적으로 써 온 단어들을 다시 생각해 보자는 의미로 시민들에게서 '생활 속 성차별 언어'를 개선하는 방안을 제안받은 다음, 전문가의 자문을 거쳐 '서울시 성평등 언어 사전'을 만들었어. 앞서 우리가 살펴본 것처럼 여직원·여교수·여의사·여군·여경 등 직업이 있는 여성에게 붙는 '여' 자를 빼야 한다는 제안이 가장 많았다고 해.

이 밖에 보통 처음 하는 일이나 행동을 가리킬 때 붙이는

'처녀'라는 말을 '첫'으로 바꾸자는 제안도 있었어. '처녀작' '처녀비행' '처녀등반'을 각각 '첫 작품' '첫 비행' '첫 등반'으로 바꿔 쓰는 거야. 국립국어원도 '처녀작' 같은 단어가 "여성의 순결을 강조한 전통 사고에서 비롯된 용어"로 "남성 위주의 시각에서 여성에게만 강요되는 느낌으로 적용된다면 문제가 된다"고 지적했지. '처녀'는 문자 그대로 '결혼하지 않은 성년 여성'을 가리키는 게 아니라 남성의 시선에서 볼 때 '순결한' 여성에 빗대 쓰면서 관용적으로 '처음'이라는 의미를 담게 된 거야.

이런 말은 영어에도 있어. 바로 '버진'(virgin)과 '메이든'(maiden)이라는 단어야. 영어로 '아무도 손대지 않은 자연 그대로의 숲'이라는 뜻의 '처녀림'을 '버진 포레스트'(virgin forest)라고 한대. '처녀작'은 '메이든 워크'(maiden work)라고 표현하고. 동양에서나 서양에서나 여성의 순결만 강조하는 단어가 '처음'을 뜻하는 말로 정착돼 온 거지.

국립국어원은 "여성의 성적·신체적인 면을 이용한 이런 표현에는 남성 중심 사고가 자리 잡고 있다. 객관적이고 중립적인 '처음, 첫'으로 표현해도 의미를 전달하는 데 아무런 문제가 없다"고 설명해. 우리도 앞으로는 성차별적 용어를 지양해보자.

성범죄 기사에 '나쁜 손, 늑대, 악마'가 쓰이면 안 되는 이유

웹사이트를 둘러보면, 또는 신문이나 방송 뉴스를 보면 성폭력 범죄가 발생했다는 기사를 흔하게 접할 수 있을 거야. 보통은 그런 사건·사고가 뉴스의 단골 소재 중 하나이기도 하거든. 그런 사건을 보도하는 것 자체가 문제는 아냐. 성범죄는 사회적으로 중요하게 다뤄져야만 하는 사건이기도 하니까. 그런데 '어떻게' 보도하느냐가 매우 중요하지. 이번 장에서는 성범죄 보도의 잘못된 사례를 짚어 보면서 우리가 독자 또는 시청자로서 할 수 있는 일을 함께 고민해 보려고 해.

<11년 동안 여(女) 학원생에게 나쁜손·몹쓸짓⋯ 50대 학원장 합의했다>(2022. 06. 15. 머니투데이)

<'엄마한테 말하면 죽어' 9세 의붓딸에 7년이나 몹쓸짓>(2022. 06. 11. 국민일보)

<길거리서 초등생 유인해 '몹쓸짓'한 할아버지⋯ 처음 아니었다>(2022. 05. 25. 머니투데이)

위 제목은 모두 실제로 보도된 기사에서 가져왔어. 가장 흔하게 볼 수 있는 제목 형태인데, 사실 여기에는 잘못 쓰인 단

어가 있어. 바로 '나쁜 손'과 '몹쓸 짓'이라는 단어야. 이 두 단어는 성범죄 기사에서 아주 자주 쓰이다 보니 이제는 성범죄를 나타내는 상징적인 표현처럼 여겨지지만, 바람직한 표현은 아니야.

나쁜 손, 몹쓸 짓. 이 두 단어를 따로 떼어 놓고 생각해 보자. 어떤 느낌을 받아? 뭔가 윤리적으로 나쁜 행동인 것 같다는 느낌을 주긴 하지만 '손'이나 '짓'이라는 단어만으로는 가해자의 행위가 명백한 '범죄'임을 나타내기에는 불충분하지. 장난치다가 실수한 듯한 느낌을 주기도 하고 말이야. 그런데 위 사건들은 가해자가 미성년자를 대상으로 오랜 기간에 걸쳐 성폭력을 행사한 몹시 무거운 범죄였어. '나쁜 손'이나 '몹쓸 짓'으로는 제대로 표현되지 않는 범죄 행위였지.

그래서 2018년 한국기자협회와 여성가족부가 함께 제정한 〈성희롱·성폭력 사건보도 공감기준 및 실천요강〉은 이 두 단어가 성범죄를 보도할 때 부적절하다고 보고, 관련 보도에 사용하지 않도록 권고하고 있어. 앞서 얘기한 '몰카'라는 단어와 성범죄를 소문으로 치부하는 뜻을 담은 '성추문'이라는 단어까지 포함해서 말이야. 이런 단어들이 가해 행위를 미화하거나 모호하게 표현함으로써 가해자의 책임을 가볍게 인식하게 만든다는 이유에서야. 가해 행위 자체의 심각성을 희석하는 효과가 있기도 하고 말이야. 다음 사례를 볼까?

〈여성 가슴 만지고 도망친 그놈, 여자 친구 집에서 딱 걸렸다〉
(2021. 04. 25, 중앙일보)
〈카풀 여성 성추행 '늑대', 기소의견 檢 송치… 여기저기 만
지고 입까지〉(2019. 01. 28, 동아닷컴)
〈고양 시내 귀갓길 여고생·여대생 골라 성추행한 '30대 늑
대' 알고 보니…〉(2016. 04. 20, 한국경제TV)

이 제목들은 어때? 가해자를 '늑대'나 '그놈'으로 묘사하면
서 범죄 행위를 설명한다기보다는 드라마나 소설 속 이야기를
하는 것처럼 느껴져. 범죄의 심각성을 알리는 게 아니라 사소
한 장난 혹은 흥미로운 이야기처럼 느끼게 만드는 거지. 게다
가 제목 자체부터 가해 행위를 아주 적나라하게 묘사함으로써
성범죄를 재밌거리로만 소비하게 만들어.
더 나아가 피해자로 하여금 가해 행위 당시 느꼈던 공포감
과 무력감·굴욕감 등을 떠올리게 만들면서 2차 피해가 발생
할 수도 있지. 꼭 해당 사건의 피해자가 아니더라도, 다른 많
은 성범죄 피해자들이 애써 잊고 싶은 경험을 상기하게 만들
수 있고 말이야. 더욱이 피해 상태를 자세히 언급하는 것도 피

해자의 사생활 등을 침해할 수 있어서 더욱 주의해야 해.

가해자를 '악마'로 보도하는 일

〈'수유동 악마 엄벌 내려 달라'… 길 가던 여성 감금해 사흘간 성폭행〉(2021. 04. 21, 아시아경제)

〈에이즈면서 8세 딸 성폭행… '악마 아빠' 12년형에 친권 상실〉(2022. 05. 27, 중앙일보)

〈채팅방 다정한 오빠의 속삭임… '악마의 그루밍' 시작이었다〉(2022. 05. 08, 세계일보)

위 기사 제목들은 가해자를 공통적으로 '악마'라고 지칭했지. 마치 영화 속의 '악당'(빌런)처럼, 가해자에게 일종의 캐릭터성을 만들어 주고 있어. 우리는 '악마'라는 말을 평소 일상에서 잘 쓰지 않잖아? 그런데도 이런 기사에서 '악마'라는 단어를 사용하는 건 가해자가 얼마나 극단적으로 악랄한 사람인지 강조하고 또한 우리 주변에서 쉽게 만날 수 없는 사람이라고 강조하는 효과가 있어. 사실 성범죄는 많은 이들의 일상에서 발생하는 범죄인데도 말이야.

미성년자를 포함한 수많은 여성들을 협박해서 성착취물을 제작·유포한 'n번방' 성범죄자 조주빈도 체포되자 이렇게 말했어. "멈출 수 없었던 악마의 삶을 멈춰 줘서 감사하다"고. 마치 자신이 대단한 인물인 양, 스스로를 '악마'라고 칭하면서 자신의 행위가 필연적으로 일어날 수밖에 없던 일이라는 듯이. 그는 단지 일말의 윤리 의식조차 없는 범죄자일 뿐인데 말이지. 자신을 평범하지 않은, 비록 나쁜 일을 했지만 실은 비범한 사람이라고 자신을 표현하면서 일종의 '영웅 심리'를 왜곡되게 표현했다고 보는 분석도 있어.

인터넷 기사를 성평등 관점에서 모니터링해 온 서울YWCA는 이렇게 가해자를 '악마'라고 일컫는 보도가 적절하지 않다고 지적해. 특히 언론에 보도되는 성폭력은 아무래도 특수하고 잔인하고 사람들의 이목을 끄는 자극적인 사건에 집중돼 있다 보니, 언론에 보도된 사건들처럼 잔인한 행위를 하거나 범죄가 장기간에 걸쳐 발생하거나 피해자가 다수여야만 '성폭력'으로 받아들여진다는 그릇된 인식을 심어 줄 수 있기 때문이야.

뿐만 아니라 이렇게 특정 가해자만 문제 삼는 식의 보도는 우리 사회와 문화 전반에 퍼져 있는 성차별적 인식을 사소하게 만들어 버리는 효과마저 있어. 마치 저 가해자만 사라지면 성폭력 범죄가 단절될 것처럼 말이야. 그러나 성범죄에는 개인의 일탈 외에 성희롱이나 성추행을 해도 그대로 용인되는 분위기, 가해자가 제대로 처벌받지 않는 경험, 여성을 성적인 대상으로만 보는 문화 등 여러 가지 요소가 복합적으로 영향을 미쳐. 따라서 이처럼 누구를 '악마화'하는 보도는 성범죄를 아주 특수하고 예외적인 한 개인의 문제로만 바라보게끔 만들 수 있어. 우리가 비판적으로 해석해야 하는 이유야.

여기까지 읽으면 이런 생각이 들 수도 있어. 어차피 성범죄는 나쁜 일이라는 사실을 다 알고 있는데 굳이 이렇게 언어 하나하나를 따지고 들 필요가 있을까? 자주 쓰이고 그만큼 무심히 접할 수 있는 언어에 시시콜콜 신경 쓰다 보면 솔직히 피곤하잖아.

그러나 언어는 무의식 속에서 우리의 사고방식을 결정해. 같은 사안을 놓고도 어떤 관점에서 어떻게 바라보는지가 우리가 사용하는 언어에 따라 달라질 수 있다는 뜻이야. 여기 좋은 예시가 하나 있어.

'성적 수치심'이라는 단어를 혹시 들어 봤어? 성적 수치심
은 주로 성폭력 사건을 수사하거나 그 사건과 관련해 법원이
판결을 내릴 때 성범죄 피해자들이 실제로 피해를 입었는지
판단하는 중요한 기준으로 쓰여 왔어. 예를 들어 '성폭력처벌
법'(성폭력범죄의 처벌 등에 관한 특례법)은 불법 촬영과 관련해
"성적 욕망 또는 수치심을 유발할 수 있는 사람의 신체를 촬영
대상자의 의사에 반하여 촬영하는" 것으로 정의하고 있지. 대
법원은 "일반인에게 성적 수치심이나 혐오감을 일으키고 선량
한 성적 도덕관념에 반하는 행위인 것만으로는 부족하고 그
행위의 상대방인 피해자의 성적 자기결정의 자유를 침해하는
것"을 강제 추행 행위라고 설명해. 피해자가 '수치심'을 느끼
는 것이 성범죄의 구성 요소 중 하나라는 뜻이야.

그런데 이 '수치심'이라는 단어를 사전에서 찾아보면 조금
의아할 수도 있어. '수치심'은 '수치를 느끼는 마음'이라는 뜻
인데, '수치'는 '다른 사람들을 볼 낯이 없거나 스스로 떳떳하
지 못함', 즉 부끄러움과 비슷해. 그러니까 성범죄 피해자는
사건 이후에 '부끄러움'을 느껴야만 성범죄 피해자로 인정받
을 수 있는 거지.

그런데 실제 성범죄 피해자들 모두가 과연 '부끄러움'을 느낄까? 절대 그렇지 않아. 피해자가 느끼는 감정은 저마다 다를 수밖에 없고 매우 다양해. 극도로 화가 날 수도 있고, 속상할 수도 있고, 무력감을 느낄 수도 있고, 증오를 느낄 수도 있고, 불안할 수도 있어. 화가 나서 바로 그 자리에서 소리를 지를 수도 있지만, 너무 놀라서 아무 저항도 하지 못하고 몸이 얼어 버릴 수도 있어. 피해자가 느끼는 감정이나 반응은 결코 단일하지 않아.

그렇기 때문에 이 다양한 결의 반응을 '성적 수치심'이라는 말로 표현하는 건, 모든 성범죄 피해자가 몹시 수동적이고 무기력하고 부끄러움을 느끼는 존재라는 고정 관념을 만들어 내지. 바로 '피해자다움'이라는 편견이야. 이런 편견은 과거에 정조나 순결을 여성이 꼭 지켜야 하는 가치로 바라봤던 케케묵은 발상에서 비롯됐어.

실제로 성범죄 피해자가 '수치심'을 느꼈다고 판단하지 않은 탓에 불법 촬영 범죄가 무죄를 선고받은 경우도 있었어. 어떤 남성이 버스에서 레깅스를 입은 여성의 하체를 몰래 촬영했는데, 법원은 하반신 촬영이 성적 수치심을 유발할 정도가 아니라고 판단한 거야. 경찰 조사 때 피해자가 "기분이 더럽고, 어떻게 저런 사람이 있나, 왜 사나 하는 생각을 했다"라고 진술했지만 법원은 이 감정이 '수치심'에 해당하지 않는다고 본 거지.

다행히 '성적 수치심'에 대한 항의가 꾸준히 이어지면서 법원에서도 조금씩 변화가 일어나고 있어. 2021년 1월, 대법원은 위의 '레깅스 불법 촬영' 사건에 대해 기존 판결을 뒤엎고 '유죄'로 판단하면서 '성적 수치심'은 "분노, 공포, 무기력, 모욕감 등 다양한 피해 감정을 포함한다"고 명시했어. 부끄러움, 불쾌감뿐만 아니라 피해자가 느꼈을 여러 모욕감의 표현을 폭넓게 인정한 거야.

이러한 현실을 반영해 2021년 검찰에서는 '대검찰청 공무직 등 근로자 관리지침'이라는 자체 규정 제52조("직장 내 성희롱과 관련하여 피해를 입은 근로자 또는 피해를 입었다고 주장하는 근로자가 조사 과정에서 '성적 수치심' 등을 느끼지 아니하도록 해야 한다")에 적힌 '성적 수치심'을 '성적 불쾌감'으로 바꾸기도 했어. 성범죄 피해자에 대한 잘못된 통념을 바꾸는 일은 이처럼 잘못 사용돼 온 언어를 바꾸는 데서 시작한다는 점을 잘 보여 주는 사례지. 사실 부끄러움을 느껴야 하는 쪽은 피해자가 아니라 가해자여야 하잖아?

요즘에는 신문 기사뿐 아니라 유튜브라든가 여러 온라인 커뮤니티 게시글에서도 성범죄를 자극적으로 묘사하거나 사소한 일로 만들어 버리는 경우를 자주 볼 수 있어. 예를 들어 영화를 소개하는 유튜브 채널에서는 전체 영화 줄거리에서 성폭력을 자극적으로 묘사한 장면만 가져와 제목과 섬네일에 배치하는 경우도 있지. 뉴스 채널이나 여러 사건 사고 소식을 전하는 채널에서 피해자의 상황이나 사진, 모습 등을 부각해 사용하기도 하고. 모두 클릭 수를 높이기 위해 자극적인 장면을 사용하는 거야. 이런 콘텐츠를 많이 보면 볼수록 광고 효과가 높아져서 콘텐츠 생산자에게 수익을 가져다줄 수밖에 없거든. 누가 비난을 한다 해도 돈만 벌면 그만이라고 생각하니까 가능한 일이야. 사람의 기본권이나 인권보다 정말 돈이 중요할까? 자기가 돈만 벌 수 있다면 누군가는 평생을 고통 속에서 살아가도 과연 괜찮은 걸까?

1차적으로는 뉴스와 콘텐츠를 이렇게 자극적인 방식으로 생산하는 사람들이 문제지. 그렇지만 이러한 콘텐츠를 읽거나 보는 사람도 독자 또는 시청자로서의 역할을 한번 생각해 봐야 할 것 같아. 폭력을 2차, 3차로 재생산하는 콘텐츠는 클릭

하지 않고, 그런 유튜브 채널 등을 적극적으로 신고하는 것도 방법이지. 기사를 보면 그 기사를 쓴 기자의 메일 주소가 나와 있잖아. 거기로 메일을 보내 독자로서 항의하는 방법도 있어. 꾸준히 경각심을 심어 줄 수 있게끔, 기자로서 또는 영상 제작자로서 윤리를 잊지 않게끔 말이야.

생산하지 않는 것만큼이나 소비하지 않는 일이 중요해. 이런 기사나 영상을 만드는 사람들에게 비판적인 관점을 유지하는 '적극적이고 능동적인' 독자와 시청자가 되어 보자. 앞으로 이런 콘텐츠를 접했을 때는 어떻게 대응하면 좋을지 친구들과 함께 의논해 보면 어떨까?

함께 토론하기: 성차별적 표현

일상에서 사용하거나 뉴스에서 접하는 단어 중에 성차별적인 표현을 찾고 그 이유를 고민해 보자. 많이 변하고는 있지만, 성범죄 관련 단어 중에는 여전히 성차별적 인식이 반영된 경우가 많아.

예를 들어 디지털 성범죄를 이야기할 때 '음란물'은 '성착취물'로 바꿔 써야 해. '음란물'은 마치 범죄 피해자의 행위에 책임이 있는 것처럼 여겨지게 하기 때문에 잘못된 표현이지. 복수하기 위해 불법 촬영물로 협박한다는 의미의 '리벤지 포르노'라는 말 역시 적절치 않아. 마치 피해자가 복수할 만한 원인을 제공한 것처럼 보이게 만들 뿐 아니라 범죄 행위에 '포르노'라는 단어를 쓰는 것도 잘못됐어.

성폭력 처벌법에 쓰인 '성적 수치심'이라는 말도 성범죄 피해자가 경험하는 공포, 분노, 비현실감, 무기력 등 다양한 감정을 모두 포괄하기엔 부적절하다는 지적이 여러 차례 제기돼 왔지. 이 밖에 또 어떤 단어들이 있을까?

성차별적인 단어	그렇게 생각한 이유와 바꿔 부를 수 있는 단어

2장

고정 관념이나 편견 말고,
우리에게 '진짜' 중요한 것

2022년에 열린 카타르 월드컵에서 역사적인 기록이 탄생했어. 바로
월드컵 역사상 처음으로 본선 경기에서 뛴 여성 심판 6명이 탄생했다는
점이야. 무려 92년 만의 일이지. 초록빛 그라운드를 누비며 매섭게 경기를
이끈 이들은 '남성만 심판을 할 수 있다', 여성은 축구를 잘 모른다'라는
고정 관념을 보기 좋게 깨 버렸어. '여성이라서', '남성이라서' 특정한 일을
해야 한다고 결정된 건 없다는 점을 기억하며 이번 장을 읽어 볼까?

'여자 선수치고'라는 말 대신…

평소에 여자 선수치고 과감하고 화려한 패션 감각으로 화제몰이 중인데, 알고 계신가요?

대회 전 한 설문 조사에서 '데이트하고 싶은 국대 2위'로 뽑히셨는데 기분이 어떠신가요?

최근 타 국가 대표와의 애교 사진이 유명했습니다. 정작 본인 SNS에는 셀카를 올리지 않는 특별한 이유가 있나요?

대체 뭐가 궁금한 겁니까! 오늘 경기에 관해 물어볼 게 없으면, 인터뷰 접겠습니다.

후!!

한국 피겨 스케이팅에 새로운 역사를 쓴 김연아 선수를 모두 잘 알 거야. 김연아 선수를 가리켜 '은반 위의 여왕'이라고 많이 표현했어. '여왕'(queen)이라는 영어 단어와 '김'(Kim)이라는 성의 발음이 비슷해 '퀸 유나'(Queen YunA)라는 별명도 있고. 한편 스피드 스케이팅 부문 이상화 선수에게는 '빙상 여제'라는 별명이 붙었지. 두 사례는 모두 이들의 압도적인 실력을 가리키는 말이긴 해. 여기에도 굳이 '여'를 붙이는 것에 문제의식을 느끼는 경우가 있지만 말이야.

보통은 유독 여성 선수들에게 더 많이, 더 잦은 빈도로 외모를 평가하는 수식어가 붙곤 해. '여신'이라거나 '미인' 같은 수식어가 붙는 것이 대표적이지. 이 단어들은 선수의 실력이 아닌 외모를 평가하는 말인데, 선수에게 가장 중요한 건 경기를 잘 치러 내는 기량이지 외모가 아니잖아.

'태극낭자'도 국가 대표 경기가 있을 때마다 단골로 쓰이는 표현이야. '낭자'는 예전에 '처녀'라는 단어를 높여서 쓰던 말이지. 선수로서 존중한다기보다 '여성'이라는 점을 더 강조하는 표현이라고 할까. 이를테면 남성 선수들에게 '태극총각'이나 '태극도령'이라는 표현은 쓰지 않잖아. 다만 남성 선수들에

게는 '태극전사'라는 말을 자주 쓰는데, 이는 선수들의 의지·
정신력·기량 따위를 일종의 '전투력'에 빗댄 표현이지. 올림
픽 기간 동안 뉴스 제목을 보면 '독일 육상의 여신' '남성들의
본방 사수를 예약한 엘프 선수들'처럼 대놓고 여성 선수들의
얼굴이나 몸매 등을 평가하는 제목이 심심찮게 보여.

중계방송은 또 어떻고. 중계방송을 보면 여성 선수들의 외
모를 평가하거나 비하하는 투의 성차별 멘트가 들릴 때가 종
종 있어. 때로는 스포츠 경기를 좋아하는 여성 팬들의 관심마
저 평가 절하 당하지. 2016년 리우 올림픽이 열렸을 때 한
트위터 이용자(@J00_D4N)의 제안에 따라 '2016 리우 올림픽
중계 성차별 발언'을 기록하고 저장해 두는 아카이빙 작업이
이뤄진 적이 있어. 그때 저장된 멘트들을 살펴보면 다음과
같아.

(여성 선수의 별명을 설명한 뒤) "그만큼 귀엽고 애교가 많아요."
(MBC)

(여성 선수들에게 무엇을 하고 싶으냐고 물어보며) "데이트하고
싶지 않아요? 연애하고 싶지 않아요?"(MBC)

(여성 선수 인터뷰 프로그램의 자막) 예쁜 누이들과 출발!(KBS)

(여성 선수 인터뷰 질문) "훈련할 때는 화장하고 꾸밀 기회가 별

로 없죠? 진짜 예쁩니다, 두 분."(KBS)

어때? 여성 선수들이 이 경기를 어떻게 준비했는지, 어떤 훈련을 했는지, 이번 경기에서 무엇이 승부를 가른 포인트였는지 등을 묻는 게 아니라 오로지 '여성'으로서의 외모 관리나 애교를 강조하잖아. 남성 선수들에게 "잘생겼다" "외모나 몸매 관리는 어떻게 하느냐" 이렇게 묻는 경우는 거의 없어. 여성 선수들을 운동선수로서 존중하기보다 '데이트 상대'로만 여기는 거지. "예쁘다"라는 인터뷰 멘트에 "운동에 관한 질문만 하고 기사가 실리면 좋겠다"라고 답변한 선수도 있었어.

여성은 야구를 좋아해

야구 경기를 보는 여성 관중을 비하하는 중계가 논란이 된 적도 있어. 한 선수가 받아 친 타구가 파울로 선언되자 아쉬워하는 여성 관중의 모습이 화면에 잡혔을 때 중계진이 이런 발언을 했지.

"여성분들은 일단 배트에 맞으면 안타인 줄 알고 환호하는데, 파울이었습니다."(2022. 05. 14, SSG랜더스 대 NC다이노스

경기)

　그런데 야구 경기에서 타자가 배트에 공을 맞히면 환호했다가 파울로 선언될 경우 아쉬워하는 관중은 무수히 많아. 남성이든 여성이든 가리지 않고 말이야. 이날 여성 관중과 한 화면에 잡힌 다른 남성 관중도 같은 반응이었다고 해.

　여성 관중은 스포츠 경기의 규칙도 제대로 모르는 채 경기를 관전할 것이라는 편견이 중계진의 해설을 통해 가감 없이 드러나는 때도 있어.

　"야구장에 나오면, 남자 친구분과 여자 친구분이 동시에 오면 남자 친구가 야구에 대해 설명해 주시느라 시간을 많이 할애한다."(2022. 05. 15, 키움히어로즈 대 kt위즈 경기)

　이때 화면에는 남녀 관중이 대화하는 모습만 잡혔을 뿐이야. 그런데 으레 '야구 규칙을 잘 아는' 남성이 '규칙을 모르는' 여성에게 해설해 주는 모습이리라 중계진이 제멋대로 단정해 버린 거야. 여성 관중은 '규칙도 모르면서 야구 선수 외모만 보고 좋아한다'는 식의 편견도 있고.

　사실 여성 관중은 프로 야구의 흥행을 이끌 만큼 야구라는 스포츠를 열렬히 좋아하는 존재야. 태어날 때부터 야구를 좋아하는 '모태' 야구 팬도 많고. 2022년 4월 한국프로스포츠협회가 발표한 〈2021 프로스포츠 관람객 성향조사〉를 보면,

2020년 야구 홈경기를 직관한 적이 있느냐는 질문에 여성 응답자의 73.5%가 '1회 이상 홈경기장을 방문했다'고 답했어. 남성 응답자(68.4%)보다 더 높은 수치야.

스포츠 선수의 남녀 유니폼

스포츠 업계의 성차별은 비단 이런 표현이나 인터뷰 질문에만 그치지 않아. 조금 더 깊이 들어가 볼까.

2021년 도쿄 올림픽에서 눈부신 활약을 펼친 여자 프로 배구팀을 혹시 기억해? 프로 배구 경기를 보다 보면 여성 선수와 남성 선수의 유니폼이 조금 다르다는 점을 알 수 있어. 여성 선수들은 보통 민소매 상의에 몸에 달라붙는 아주 짧은 바지를 입는데, 남성 선수들은 반소매 티셔츠에 통이 훨씬 넓은 긴 바지를 입거든. 만약 몸에 달라붙는 짧은 바지가 '경기력 향상'에 필요한 요소라면 남성 선수도 같은 형태의 바지를 입어야 하지 않을까? 그런데 그렇지 않잖아. 여성 선수들의 유니폼은 그들의 몸을 더 강조하면서 보여 주기 위해 만들어진 옷이라는 사실을 알 수 있지.

한국배구연맹(KOVO)은 2020년에 "(하의) 허리와 길이는 타이트해야 하며 몸선에 맞아야 한다"라고 따로 규정해 놓은 여성 선수 유니폼 규정을 남녀 구분 없이 "허리와 길이는 헐렁하거나 느슨하지 않게 몸에 잘 맞아야 한다"로 개정했어. 배구 팬들이 성차별적 규정이라고 항의했기 때문이지. 아직 경기장에서 실질적인 변화가 일어나지 않아 아쉽지만 말이야.

레오타드 유니폼 대 유니타드 유니폼

이런 복장 차별이 한국에만 있는 건 아니야. 2020년 도쿄 올림픽 체조 경기에서 독일 여자 대표팀 선수들은 수영복과 비슷한 '레오타드' 유니폼이 아니라 하반신 전체를 덮는 '유니타드' 유니폼을 입어서 화제가 됐어. 상대적으로 노출이 덜한 유니폼을 선택한 거지. 남성 체조 선수들은 어떤 유니폼을 입느냐고? 남성 선수들은 늘 '유니타드' 유니폼을 입어 왔어. 체조뿐만 아니라 육상, 비치발리볼, 테니스, 골프 등 다른 여러 종목을 살펴보면 여성 선수들의 유니폼이 상대적으로 노출이 많다는 사실을 알 수 있어. 왜 이런 차이가 나는 걸까?

여기에는 여성 선수를 '성적 대상화'하는 문화의 영향이 커.

여성의 몸을 너무나 쉽게 '성적으로 평가'하는 문화가 만연한 현실과 연관이 있지. 2018년에는 전 미국 체조 대표팀 주치의인 래리 나사르가 30여 년 동안 선수 150여 명을 상습 성폭행·성추행한 사실이 알려졌어. 노출이 많은 유니폼을 입는 여성 선수들이 불법 촬영의 대상이 된 적도 자주 있다고 해. 오죽하면 2012년 런던 올림픽에서 동메달을 목에 걸었던 전 일본 체조 국가 대표 선수 다나카 리에가 자신이 "주간지 섹시녀가 되어 있었다"라며 불쾌했던 경험을 뒤늦게 털어놓기까지 했을까.

이렇게 여성 선수들을 성적 대상화하면, 이들의 경기 기량까지 영향을 받는대. 콜로라도대학 심리학과 교수 엘리자베스 대니얼스는 미국 공영 라디오 방송 NPR과 인터뷰하는 자리에서 "연구 결과에 따르면 몸을 두드러지게 만드는 수영복을 입었을 때 실제로 여성 선수들의 주의력에 영향을 미치는 것으로 나타났다"며 "여성 스포츠 선수들이 몸에 달라붙는 유니폼을 입으면 그들이 능력을 보여 주는 데 방해가 될 것"이라고 설명했어.

그뿐이 아니야. 여성 선수들은 '임금 차별'에서도 자유롭지 않아. 여자 배구의 전설을 써 내려간 김연경 선수는 2018년 자신의 SNS에 한국 프로 배구 리그에 있는 '샐러리 캡' 제도를 공개적으로 비판한 적이 있어. 샐러리 캡은 한 팀의 연봉을 모두 더한 총액이 무한정 늘어날 수 없게끔 일종의 상한선을 만들어 놓은 제도야.

문제는 여자 배구와 남자 배구의 샐러리 캡 차이가 너무 컸다는 점이야. 한국배구연맹이 2018년 기준 여자 배구의 샐러리 캡을 '14억 원'으로 정하고 향후 2년 동안 동결한 반면, 남자 배구의 샐러리 캡은 '25억 원'으로 정하고 그 후로 1년에 1억 원씩 인상한다고 결정했어. 게다가 여자 선수만 "1인 연봉 최고액이 샐러리 캡 총액의 25%를 초과할 수 없다"는 단서 조항까지 덧붙였어. 김연경 선수는 "왜 점점 좋아지는 게 아니고 뒤처지고 있을까?"라고 적으며 탄식했지.

정규 리그의 상금도 달라. '2021~2022 시즌 V리그 대회 요강'을 보면 여자 배구 시상금은 남자 배구에 견줘 20~40%가 적어. 배구계는 V리그가 처음 출범할 때 각 구단에서 부담한 비용이나 경기 수가 다르다는 점이 영향을 끼쳤다고 설명하지만, 2021년 여자 배구 리그에 신생 팀이 창단되면서 경기 수도 126경기로 같아진 데다 관중 수, 경기 평균 시청률 등을 따져 보면 여자 배구가 훨씬 더 인기가 많아(2021~2022 V리그 전반기 기준 여자 배구 전체 관중 수 6만 8418명, 평균 시청률 1.15% / 남자 배구 전체 관중 수 3만 7391명, 평균 시청률 0.71%). 임금을 차별하는 이유 가운데 하나로 '여자 배구는 인기가 덜해서'라는 말이 종종 나오기도 했는데, 그런 원인이 모두 사라진 2022년에도 여자 선수들은 여전히 남자 선수들보다 적은 연봉과 적은 상금을 받았어. 이것이 과연 정당하고 공정한 일일까?

스포츠를 즐기는 데는 남녀가 따로 없어

표현, 의상 그리고 연봉까지……. 왜 이렇게 많은 차별이 존재할까? 그 이유는 스포츠를 오랫동안 남성만의 영역으로 여겨 왔기 때문이야. 힘과 스피드 등을 겨루는 일은 남성들만이 경쟁할 수 있는 분야라고 잘못 생각해 온 오랜 역사가 존재하기 때문이지. 마라톤도 마찬가지고. 마라톤 경기에 여성이 처음 참가했을 때 어떤 일이 벌어졌는지 혹시 알아? 남성 참가자들은 여성이 자신들과 함께 달리자 그를 붙잡고 쫓아내려 하는 일까지 있었지 뭐야.

하지만 그건 정말 먼 옛날, 여성을 남성과 같은 사람으로 여기지 않았던 고대의 이야기일 뿐이지. 21세기를 사는 우리는 여성도 남성도 모두 동등한 권리를 가진 존재라는 사실을 아주 잘 알고 있잖아.

여성이 축구·농구 같은 '팀 스포츠'를 즐길 기회가 남성에 견줘 상대적으로 현저히 적은 점도 우리가 다시 생각해 봐야 해. 혹시 힘차게 달리며 공을 차는 여성은 '여자답지 않다'라는 편견이 내게 있지는 않은지 들여다볼 필요도 있어. 쉬는 시간이나 점심시간마다 우리 학교 운동장을 사용하는 친구들은 누구인지 한번 곰곰이 생각해 보렴. 대부분 여학생들보다 남학생들이 높은 비중을 차지할 거야. 이것 또한 오랫동안 '팀 스포츠'는 남성이 즐기는 분야라는 편견이 존재해 온 탓이지. 하지만 여성이 주축이 된 예능 프로그램 〈골 때리는 그녀들〉(SBS)이나 〈마녀체력 농구부〉(JTBC)를 보면 알 수 있듯이, 여성들은 팀 스포츠를 배우고 즐길 만한 기회가 없었을 뿐이지 못하게 타고난 건 아니라는 점을 우리가 기억해야 해.

스포츠를 즐기는 데는 남녀가 따로 없잖아. 앞으로 스포츠 경기를 볼 때는 차별적 요소가 얼마나 담겨 있는지 고민하면서 보는 건 어떨까?

'엄마' 없이 왜 안 돼?

평범한
우리 가족을 소개합니다.

아빠는 직장에 다니는 것보다
살림과 요리가 재미있대요.

엄마는 나와 아빠를 사랑하지만
엄마 일도 그만큼
많이 좋아한대요.

보셨다시피 우리 가족은
특별할 게 없답니다.
여러분의 가족은 어떤가요?

"엄마로 만들어 줘서 고마워"

잠시 책 읽는 걸 멈추고 연상 게임을 해 보자. 빈 종이 가운데에 '엄마' '아빠' 두 단어를 적고 각각 떠오르는 이미지나 생각나는 단어들을 1분 동안 자유롭게 적어 보는 거야. '마인드맵'을 그리는 것처럼 말이야. 정답이 따로 있는 것도 아니고 누가 평가하는 것도 아니니 솔직하게 적어 보자.

(예시)

엄마 - 다정함, 요리, 돌봄, 청소, 아이……

아빠 - 엄격함, 직장, 일, 바쁨, 출장……

예시와 얼마나 비슷할지 궁금하네. 그렇지만 예시에 나온 분류는 말 그대로 예시일 뿐이야. 요즘에는 할머니 할아버지가 양육을 도와주시면서 엄마와 아빠 모두 일하는 경우도 종종 있어. 요리를 좋아해서 맛있는 음식을 수시로 만들어 주는 아빠도 있고, 직장에서 열심히 일하느라 바쁜 엄마도 많지. 실제로 요즘에는 엄마와 아빠 모두 일하는 맞벌이 가구가 전체의 45.4%(통계청, 2020년 기준)를 차지해. 절반에 가까운 셈이지.

위의 예시에 나온 이미지는 사실 전통적인 성 역할 고정 관념에 기반한 이미지를 나열한 거야. '여성'인 엄마는 육아와 가사 노동에만 전념하고, '남성'인 아빠는 돈을 벌기 위해 일에 전념한다는 생각은 여성의 경제 활동이 활발하지 않던 시절에 고착된 편견이야. 시간이 흘러 세상이 변하고 성평등한 사회를 지향해야 한다는 목소리가 나오면서 여성이 남성과 똑같이 교육을 받고 사회에 진출하는 비율이 점차 늘고 있는데도 이런 편견은 여전히 존재해. 무엇보다 아이 양육과 돌봄은 '엄마'가 전담해야 한다는 게 대표적인 고정 관념이지.

이런 관념은 우리가 보는 TV 광고에 잘 반영돼 있기도 해. 대표적으로 2020년에 나온 현대자동차의 '더 뉴 싼타페 런칭' 광고를 한번 볼까.

이 광고는 엄마를 주인공으로 하는 '엄마의 탄생' 편과 아빠가 주인공인 '끄떡없이 버틸게' 편으로 나뉘어 있어. 엄마 편은 여성이 우는 아기를 달래면서 돌보는 과정을 담으며 "엄마로 만들어 줘서 고마워"라는 내레이션이 깔려. 반면 같이 나온 아빠 편에서 남성은 직장에서 일하고 밤늦게 들어와 잠든 아이들을 바라보며 "너희들이 다 클 때까지 끄떡없이 버틸게"라고 말하지. 여성은 집에서 가사 노동과 육아만 하고, 남성은 밖에서 돈을 번다는 성 역할 고정 관념이 광고에 고스란히 담긴 셈이야. 게다가 엄마 편에서는 "엄마로 만들어 줘서 고마워"라는 멘트가 나와 모성애가 강조되지만 아빠 편에서는 '아빠'라는 단어가 한 번도 나오지 않아.

광고 속 성차별

사실 이런 광고는 우리 주변에 아주 흔해. 또 다른 사례를 볼까. 서울YWCA가 2021년 4월 20일부터 5월 12일까지 TV·극장·인터넷 광고 등을 모니터링한 결과를 보면, 아이 양육과 교육의 책임이 부모 모두에게 있는데도 광고에서는 엄마만 주 양육자로 등장시켜 모든 책임이 엄마에게 있다는 식의 고정 관념을 강화해(웅진씽크빅 '스마트쿠키' 웹CF). 또 엄마는 집과 시장에만 머물며 집안일에 집중하지만(SK브로드밴드 Btv 패밀리 '엄마의 TV' 편), 아빠는 집에서 바둑을 두고 차를 마시며 식당에서 친구와 만나 식사하는 등 다양한 모습이 나와(SK브로드밴드 Btv패밀리 '아빠의 TV' 편). 서울YWCA는 "가족을 마음으로 살피고 가사에 참여하는 아빠의 모습이 등장하지만, 가사의 주 담당자는 엄마이고 아빠는 단지 거드는 제한적인 형태로 등장하고 있다"고 비판해.

실제로 이 기간에 방영된 여러 광고에는 여성보다 남성이 아이를 돌보는 장면이 더 많이 등장해서 긍정적인 면도 보이지만, 자세히 살펴보면 여성은 아이를 씻기거나 안아 주는 등 적극적인 돌봄을 하는 반면 남성은 육아를 보조하는 역할에 머무른다는 지적이 있어. 또 남성이 가장 많이 등장한 역할은 '일해서 돈을 버는 사람(59.3%)' '운전하는 사람(88.5%)'이고 여성은 '집안일을 하는 사람(56.4%)'과 '소비하는 사람(75%)'으로 더 자주 등장했어.

아이 돌보는 일은 여성이 잘한다고?

광고는 아주 잠깐 빠르게 지나가는 내용에 불과한데 이게 뭐 대수인가 싶을 수도 있어. 그러나 이런 광고는 알게 모르게 우리 의식에 남아 여성이 가사 노동을 하는 걸 당연시하게 만들지. 성차별적인 현실을 계속 고착화하기도 하고 말이야.

한국은 여성과 남성의 가사 노동 참여 시간 차이가 큰 나라 중 하나야. 2015년에 통계청이 발표한 〈2015 일·가정 양립 지표〉를 보면 남성의 가사 노동 시간은 45분, 여성의 가사 노동 시간은 227분(2009년 기준)으로, OECD 국가 중 남성의 가사 노동 시간이 가장 짧은 것으로 나타났어. 다행히 그 뒤로 남성의 가사 노동 시간이 조금씩 늘어나긴 해.

그러나 2019년 기준 기혼자의 일평균 가사 노동 시간을 살펴보면 남성은 64분으로 늘었어도 여성(225분)에 견줘 여전히 현저히 짧지. 맞벌이 가정에서도 상황은 크게 다르지 않아. 같은 해 맞벌이 가구의 가사 노동 시간을 살펴보면 남성은 54분, 여성은 187분이야. 여성도 남성과 똑같이 돈을 벌면서 동시에 가사 노동, 가정 관리, 가족 보살피기 등에 투자하는 시간이 훨씬 많은 거지.

이런 상황이 거듭되다 보니 여성이 불가피하게 일을 그만두는 경우도 생겨났어. 가족 중 누군가는 아이를 돌보고 집안일을 해야 하잖아. 만약 '베이비시터' 고용하는 비용을 감당하기 부담스럽거나 상황이 여의치 않을 때는 엄마가 일을 그만두는 비율이 높은데, 이것은 곧 여성의 경력 단절 문제로 이어지게 돼. 역시 같은 해(2019년) 통계청 발표를 보면 여성의 경력 단절 사유로 '육아'(38.2%)가 가장 많았고, '결혼'(30.7%), '임신·출산'(22.6%)이 뒤따랐어. 육아 때문에 경력이 단절되는 비율은 2016년에 30.1%였는데 해마다 높아지고 있어. 왜 육아를 오롯이 여성만 부담해야 할까? 가사 노동을 하고 아이를 돌보는 일은 여성만 잘할 수 있다는 건 편견 아닐까? 유명한 요리사 중에 남성도 많고, 학교에 남자 선생님도 있는데 말이야.

이처럼 남녀 차이가 크게 나는 이유는, 한국이 아직도 가부장제의 영향을 강하게 받는 사회이기 때문이야. 가부장제는 가족 내에서 '아버지-남성'이 가장 강력한 권한을 지니고 모든 일을 통솔하고, '어머니-여성'이 여기에 종속되는 제도와 문화를 뜻해. 남녀 차별을 정당화하는 구시대적 개념인데, 이런 개념이 현대 사회에서도 과연 유효할까?

편견에서 벗어나는 법

영국에서는 2021년 코로나19가 확산하면서 나온 정부 광고가 성차별적이라는 이유로 퇴출된 적이 있어. 코로나19로 봉쇄 조치를 내리면서 집에 머무르라고 당부하는 내용의 이 광고가 집에서 아이를 가르치거나 돌보고 집안일을 하는 사람을 모두 여성으로 그렸거든. 남성은 딱 한 컷 나왔는데, 소파에 앉아서 쉬고 있었어. 이 광고를 두고 성차별적이라는 비판이 나오자 영국 총리실은 "이 광고는 여성에 대한 정부의 견해를 반영하지 않는다"며 광고를 철회했다고 해. 정부가 공식적으로 한 성별이 가사 노동을 전담하는 것처럼 표현한 점이 잘 못됐다는 것을 뒤늦게나마 인정하고 사과한 거야.

최근에는 한국에서도 가사 노동과 육아에 적극 참여하려는 남성이 더디지만 조금씩 늘고 있어. 남성이든 여성이든 모두 가정 안에서 평등한 권리를 지닌 구성원이라는 점을 기억하면 옛 시대의 편견에서 벗어날 수 있을 거야.

다이어트 강박은 이제 그만!

헐.. 이 멤버 컴백인데 관리 안 했나? 살찐 것 같지 않아?

글쎄, 그런가…?

야, 그거 오버야! 아이돌이라고 바짝 말라야 해?

그래도 이왕 더 예뻐 보이면 좋지 않냐?

야야, 예쁘고 말고를 왜 꼭 '마른 몸'으로만 판단해?

끄덕

소속사에서도 지나치게 다이어트를 시키고, 거식증에 걸린 멤버도 있대. 대체 왜? 뭐 때문에?

흐음..

'여성 아이돌 ○○○가 한 다이어트 방법!' 혹시 이런 말에 혹해 본 적 있니? 여러 예능 프로그램에 연예인들, 특히 주로 여성 연예인들이 나와서 자신이 얼마나 혹독하게 다이어트를 했는지 이야기하는 경우가 흔하잖아. 누가 몇 킬로그램을 감량했는지 앞다퉈 자랑하기도 하고. 그런 이야기를 들으면 공연히 '나도 다이어트를 해야 하나?' 이런 고민이 생기기도 하고 말이야.

방송 카메라는 몸이 실제보다 더 확대돼 보이는 경향이 있는데, 이 때문에 연예인들의 다이어트는 극단적으로 마른 몸매를 지향하는 경우가 많아. 그래서 이들의 다이어트 방법을 무작정 따라 하다 보면 건강을 해치게 되지. 최소한만 먹고 무리하게 운동하는 일을 꾸준히 유지하지 못하면 오히려 요요 현상이 와서 본래 몸무게보다 훨씬 많이 늘어나는 경우도 흔해.

물론 열심히 다이어트해서 날씬해지고 예쁜 옷을 입고 싶어 하는 마음을 그 자체로 잘못됐다고 하긴 힘들어. 하지만 사회적으로 '예쁜 몸'의 기준을 단일하게 정해 두고 그 기준에서 조금만 벗어나면 '정상적이지 않은' 몸으로 다루는 분위기는 다시 생각해 볼 필요가 있지. 연예인들이 나오는 프로그램이나 그들이 언급된 기사를 보면 모든 남성은 반드시 키가 180센티미터를 넘어야만 할 것 같고, 여성은 몸무게가 절대 50킬로그램을 넘으면 안 될 것 같은 압박을 주잖아. 사람은 저마다 타고난 몸이 다를 수밖에 없는데 말이야.

무엇보다 한국 사회는 유독 여성에게 '마른 몸매'에 대한 강박을 주는 경향이 있어. 그렇다 보니 건강한 몸인데도 일부러 굶어 가면서까지 다이어트를 하는 사람이 흔해. 이렇게 극단적으로 마른 몸매를 SNS에서는 '개말라' '뼈말라'라고 부르면서 함께 '굶자'는 이들마저 찾아볼 수 있어. '먹토'(먹고 토하기), '씹뱉'(씹고 뱉기) 같은 신조어도 생겼지. 심지어 거식증(신경성 식욕부진증, anorexia)을 지향(pro)한다는 뜻의 '프로 아나'라는 말까지 생겼어. 당연히 건강을 완전히 해치는 행위야.

2015~2019년 통계를 보면 거식증 환자 가운데 10대 여성 청소년이 가장 많아. 뿐만 아니라 여성과 남성의 비율을 보면 여성 거식증 환자가 남성보다 3배나 많은 것으로 나타났어. 이런 현상은 무엇을 의미할까? 사회적으로 '마른 몸'에 대한 강박이 남성보다 여성에게 훨씬 심하고, 한창 자라야 할 성장기에 깡마른 몸을 동경하면서 무작정 굶는 여성이 많다는 얘기지.

거식증은 사망까지 갈 수 있는 심각한 질병이야. 많은 여성이 털어놓는 식이 장애 경험에서 알 수 있듯이, 섣불리 굶으면 몸이 망가질 뿐 아니라 쉽게 회복하기 어렵기 때문에 절대 함부로 굶어서는 안 돼. 물론 '깡마른 몸'을 동경하게 만드는 대중문화, 여성의 몸을 엄격하게 재단하는 사회적 인식 등이 함께 바뀌어야만 하고.

보여지는 몸 VS 기능하는 몸

다행히 최근에는 다양한 체형을 있는 그대로 인정하자는 분위기가 만들어지고 있어. 아름다움의 기준을 규정했던 기존의 천편일률적인 틀에서 벗어나 저마다 지니고 있는 아름다움을 인정하는 거지. '플러스 사이즈 모델'의 등장은 이런 흐름 중 하나야. 그동안 패션업계가 깡마른 모델만을 채용해 몸과 옷에 대한 왜곡된 시선을 만들어 냈다는 비판을 반영한 사례지. 사람마다 체형이 다를 수밖에 없는데 그걸 한정된 크기의 옷에 억지로 맞추지 말자는 뜻이라고 할 수 있어. 이들은 깡마르지 않아도 얼마든지 매력 넘치고 패셔너블할 수 있다는 걸 잘 보여 주곤 해. 외국에서는 한국보다 훨씬 다양한 크기의 옷이 나오기도 하고 말이야.

'보여지는 몸'이 아니라 '기능하는 몸'을 고민해 보자는 흐름도 있어. 지금껏 우리는 '아름다움'의 기준을 내가 아닌 바깥에서 찾는 데 아주 익숙해져 있잖아. 얼마나 말랐는지 또는 얼마나 살이 쪘는지로만 내 몸을 바라보는 데에도 익숙하고. 그런데 혹시 이렇게 바꿔서 생각해 본 적 있어? 내 다리가 얼마나 잘 달릴 수 있는지, 내 팔이 무거운 물건을 번쩍번쩍 얼마나 잘 들 수 있는지, 내 몸이 독감도 가뿐히 이겨 낼 수 있을 만큼 얼마나 강인한지 말이야.

특히 여성은 자라면서 '예쁜 몸'을 만들 것을 요구받지만, '튼튼한 몸' '제 기능을 충분히 잘하는 몸'을 생각해 볼 수 있는 기회가 많지 않아. 축구나 농구 같은 팀 스포츠를 경험할 수 있는 기회도 적고.

그런데 최근 들어 SBS 〈골때리는 그녀들〉, JTBC 〈마녀체력 농구부〉 등 예능 프로그램에서 비로소 여성이 팀 스포츠를 하는 모습을 보여 주고 있고, 실제로 축구·농구·배구 수업을 찾는 여성이 많이 늘었다고 해. 무작정 살을 빼고 굶어서 마른 몸을 만드는 게 아니라 튼튼한 몸을 만들기 위해 운동하는 여성도 늘었고. 아름다움의 기준은 결코 단일하지 않아. 그 기준을 타인에게서 찾느냐, 나 자신에게 둘 것이냐가 중요할 뿐이지.

화장에 대해서도 한번 생각해 볼까. 요즘은 유튜브에서든 블로그에서든 화장하는 법을 쉽게 접하잖아. '내가 좋아서 화장하는 게 뭐가 어때서?'라고 생각할 수도 있지만, 꾸미는 일이 순전히 나만의 자유는 아닐 수 있어. 특히 사회적으로는 꾸미는 일이 여성에게만 필수처럼 여겨지기도 해.

예컨대 비행기나 기차의 승무원은 의무적으로 화장을 하고 몸을 단정히 해야 한다는 내용의 규정을 두고 있는데, 남녀에 따라 차이가 나기도 해. 남성 승무원에 대해서는 코털이 삐져나오지 않게 잘 다듬는다거나 입 냄새가 나지 않게 이를 잘 닦는 정도에 그친다면, 유독 여성 승무원에 대해서는 매니큐어 색깔과 립스틱 색깔까지 상세히 규정해 두고 있어. 야간 근무 때도 반드시 화장을 하라고 요구하는 경우도 있지. '노메이크업'(민낯)을 금지하고, 피부에 문제가 있거나 눈에 질환이 생겨 화장하지 못하거나 렌즈를 끼지 못한다면 상사와 면담하도록 규정하기도 해.

이처럼 꾸미는 일마저 사회나 직장에서 요구받는 '노동'과 마찬가지라는 의미에서 '꾸밈노동'이라는 말까지 생겨났지.

왜 여성에게만 이렇게 세세하게 꾸밈을 강조할까? 여기에는 여성의 용모가 그 자체로 업무의 기준이 된다는 성차별적 인식이 그대로 녹아 있어. 승무원이 좋은 서비스를 제공하고 승객의 안전을 위해 일하는 것과 화장을 어떻게 하느냐는 아무 관계가 없잖아. 이는 여성의 외모를 그 자체로 상품화하는 것이기도 해. 일을 잘하는 것과 무관하게 여성을 외모로만 평가하는 사회 분위기가 고스란히 드러나 있지. 승객들, 특히 남성 승객들이 '보기에 좋게' 꾸며야 한다는 인식이 그대로 반영된 거야.

승무원은 비상시에 승객을 구조해야 하고 그러려면 튼튼한 체력이 필수인데, 한국에는 승무원이 되려면 큰 키에 날씬한 몸매를 필수 요소로 꼽는 문화가 여전히 남아 있어. 여성 승무원의 유니폼도 비행기 안에서 업무를 수행하기에 불편한, 꽉 끼는 블라우스와 치마, 구두로 구성된 경우가 대부분이지.

반면 외국 항공사는 여성 승무원의 용모 규정을 완화하는 추세야. 아일랜드항공은 2019년에 여성 승무원의 화장 의무 규정을 폐지했고, 영국의 버진애틀랜틱항공도 여성 승무원에게 화장과 치마 착용을 강요하지 않기로 했대. 한국에서는 청주국제공항을 거점으로 하는 에어로케이항공이 처음으로 남녀 구분 없이 활동하기 편한 바지 유니폼과 운동화를 도입해 큰 호평을 받았어. 비상 상황에서 좀 더 빨리 대응할 수 있게끔, '안전'이라는 승무원 본연의 임무에 초점을 맞춘 유니폼이야. 안경도 착용할 수 있대.

내가 사랑하는 나의 몸!

이처럼 주로 여성에게만 강요되어 온 외적 기준에서 벗어나자는 움직임이 '탈코르셋' 운동으로 나타나기도 해. 몸을 꽉 조이는 '코르셋'에서 벗어나자('탈')는 뜻이야. 이 운동에는 내 몸을 타인의 시선으로 재단하지 않는다는 뜻이 담겼어. 남에게 보여 주기 위한 몸이 아니라, 내가 사랑하는 나의 몸을 만들기 위한 움직임이지.

아름다움을 대하는 왜곡된 시선에서 벗어나기 위해 우리가 가장 먼저 갖춰야 할 것 중 하나는 내 몸이든 남의 몸이든 함부로 평가하지 않는 태도일지 몰라. 나만이 지닌 아름다움을 발견할 필요도 있어. 아름다움·건강·행복의 기준은 모두 남이 아닌 나한테서 찾아야 하고, 또 찾을 수 있다는 점을 잊지 않았으면 좋겠어.

여자는 문과, 남자는 이과?

아이가 그렇게 책을 좋아한다면서요?
얼마나 좋아요~

좋긴요. 어휴~
남자아이가 책만 읽고 있는걸요.
요즘은 문과 가면 답이 없다는데,
과학이며 수학에는 통 재미를
못 붙이니 고민이에요.

?

오히려 제가 더 부럽네요.
소연이가 수학 경시대회
학교 대표로 뽑혔으니,
업고 다녀도 모자라겠어요!

?

아네요, 다 좋진 않아요.
여자아이답지 않게
애가 와일드해서….

이게 바로 책에서 본
'편견과 성차별'이구나!

'와이파이' 없는 일상을 상상해 본 적 있어? 요즘에는 다들 스마트폰을 쓰는 데다 한국은 어딜 가든 와이파이가 잘 연결되는 편이다 보니 와이파이가 없는 일상은 정말 답답하게 느껴질 거야. 블루투스 기술은 또 어떻고. 무선 이어폰이나 스마트 워치는 이 블루투스 기술이 없이는 작동이 불가능하지. 그런데 이 와이파이와 블루투스 기술을 발명한 사람이 누군지 혹시 알아?

바로 미국에서 활동했던 오스트리아 출신의 헤디 라마라는 배우야. 그는 배우로 이름을 널리 알렸지만 수학·과학에 관심이 많고 탁월한 발명가이기도 했어. 그는 제2차 세계 대전 때 작곡가 조지 앤타일과 함께 '주파수 도약 기술'을 발명했지. 이 기술은 잠수함이 무선으로 조종할 수 있는 어뢰를 사용할 때, 적군이 이를 알아채기 어렵도록 여러 주파수를 사용해 적을 갈팡질팡하게 만드는 기술이야. 1942년에 특허를 냈지만 그때는 주목받지 못하다가 나중에 재조명됐어.

헤디 라마가 발명한 이 시스템은 휴대 전화 등 무선 통신 기기에 쓰이는 CDMA(부호 분할 다중 접속) 기술로 발달하고, 와이파이와 블루투스 기술의 바탕이 되어 오늘날 우리가 어디에서나 서로 연결되는 기반을 만들어 주지.

이렇게 편리한 기술을 여성이 발견했다니, 혹시 뜻밖이라고 생각해? 이런 사례도 있어. 헤디 라마가 활동했던 시기, 즉 제2차 세계 대전 때 영국에서 주요 군사 작전의 암호 해독을 맡은 이들은 놀랍게도 여성 프로그래머였어. 컴퓨터는 남성이 잘 다룬다는 인식은 전쟁이 끝난 뒤에야 영국 정부가 남성에게 기회를 주면서 생겨났지. 영국 드라마 〈블렛츨리 서클〉은 그 무렵 활약한 여성 프로그래머들의 활약상을 잘 담아내고 있어. 최근 한국의 여성 수학자도 수학 분야의 오랜 난제(칸-칼라이 추측의 증명)를 풀고 이를 증명해 내는 등 놀라운 성과를 이루었어.

이공계는 남성, 인문계는 여성?

어때? 보통 수학·과학 등 이공계 분야는 남성이, 인문학 분야는 여성이 더 잘한다는 고정 관념이 있잖아. 이와 비슷하게 '남성은 이성적이고 여성은 감성적'이라는 편견도 존재하고. 실제로 이공계에 진학하는 여성의 비율은 남성보다 절대적으로 적은 편이야. 한국여성과학기술인육성재단에서 펴낸 〈2010~

2019 남녀과학기술 인력 현황〉 보고서를 보면, 2019년 이공계 학과에 입학한 대학생 가운데 여성의 비율은 29.2%밖에 안 돼. 남성이 70.8%로 여성의 2배를 훌쩍 넘지. 게다가 입학한 여성도 공학 계열보다는 자연 과학 계열에 더 치우쳐 있어. 생물·화학 등 자연 과학 계열을 전공하는 여성의 비율은 52.3%인데 컴퓨터·기계 공학 등 공학 계열을 전공하는 여성의 비율은 25.1%로 매우 적지.

이런 차이가 왜 발생할까? 정말로 성별에 따라 여성은 수학·과학을 못하기 때문일까? 그렇지만 앞에 언급한 여성들의 사례는 여성이라는 이유로 이공계 분야에 약하지 않다는 점을 보여 주지. 남성은 또 어떻고. 예민한 감성과 훌륭한 언어 능력이 필요한 소설가나 시인 중에는 눈부시게 활약하는 남성들이 있잖아.

남자가 선천적으로 수학을 잘한다는 편견

2019년 국제학업성취도평가(PISA) 결과를 보면 전반적으로 읽기와 과학에서는 여학생의 점수가 높고 수학에서는 남학생의 점수가 높게 나타났어. 하지만 수학·과학 점수의 경우 한국에서 남녀 간 차이가 유의미하게 크지는 않아. 수학 점수는 성별 간 차이보다 사교육, 부모의 학력, 학생의 태도 등 다른 요인의 영향을 받을 가능성이 높다는 연구 결과도 있어.

수학·과학을 학습하는 과정에서 성차별적인 통념을 마주하는 정도가 성적에 영향을 끼치기도 해. 2006년에 캐나다 브리티시컬럼비아대학에서 여학생 225명을 두 집단으로 나눠 이런 편견이 끼치는 영향을 살펴봤어. 한 집단에게는 "남자는 선천적으로 수학을 잘한다"는 글을 읽혔고, 또 다른 집단에게는 "수학과 성별은 관계가 없다"는 글을 읽힌 뒤 수학 시험을 두 번 치르게 했지. 그 결과 첫째 집단은 두 번째 시험에서 평균 5~10개 문제를 더 틀린 반면, 둘째 집단은 틀린 문제가 평균 5~10개 줄었다고 해.

미국과 일본에서도 비슷한 연구가 있었어. 미국 워싱턴대학 연구진은 여학생들이 남학생보다 STEM(과학·기술·공학·수학) 분야에 덜 진출하고 흥미가 없는 이유는 STEM 분야의 남성 중심적인 문화, 어린 시절 STEM 분야에 노출된 정도, 자신이 어떤 일을 성공적으로 수행할 수 있다고 믿는 신념인 '자기 효능감'의 차이 때문이라고 봤어.

일본 도쿄대학 과학기술학과에서는 영국에 거주하는 20~69세 남녀 1082명과 일본에 거주하는 같은 연령대의 1177명을 대상으로 온라인 설문 조사를 한 적이 있어. 그 결과 일본인들은 STEM 과목이 남성에게 더 적합하며 남성이 더 잘할 수 있다고 생각했고, 영국인들은 STEM 분야를 공부하는 여성이 다른 분야를 공부하는 여성들보다 덜 매력적이라는 답변을 했다고 해. 사회에 존재하는 성차별적인 통념과 분위기가 여성이 STEM 분야로 진출하는 데 영향을 미칠 수 있는 거지.

실제로 사회의 성평등 정도(국가별 성 격차 지수)와 여성의 수학·과학 성취도 관계를 분석해 보면, 성평등한 나라로 꼽히는 북유럽 국가에서 여학생의 수학 성적이 남학생보다 더 높다고 해.

공학 분야에 남성이 많은 진짜 이유

2020년, 세계적으로 유명한 학술지 《사이언스》에는 7년 동안 미국 고등학생 5960명의 학업 성취도와 진로 선택을 추적 조사한 뉴욕대학 경제·교육 정책학 교수 조지프 심피안 연구팀의 논문이 실렸어. 이 연구는 여성 비율이 낮은 물리학·공학·컴퓨터과학 전공의 성비 불균형 현상이 왜 발생하는지를 집중적으로 탐구해. 학생들의 고등학교 수학·과학 학업 성취도와 대학에 진학할 때 어떤 전공을 선택하는지 상관관계를 살펴본 거야.

그 논문의 연구 결과에 따르면 여학생들은 애초 물리학이나 공학 계열 전공을 희망했어도 최종적으로 성적이 좋아야 이 전공으로 진학하는데, 남학생들은 성적이 낮거나 물리학·공학 계열 전공을 원하지 않았더라도 이 전공을 선택하는 경향을 보였어. 즉 물리학·공학 분야에 남성이 압도적으로 많은 이유는 남학생이 여학생보다 능력이 뛰어나서라기보다, 이 분야에는 성적이 부족한 남학생이 너무 많이 들어가기 때문이라는 사실을 알 수 있지.

공대 아름이?

어때? 여기까지 읽어 보면 '여자는 언어, 남자는 수학·과학' 이렇게 이분법적으로 쉽게 나눠서 말하기는 어렵다는 점을 알 수 있을 거야. 이처럼 이공계 분야에 남성 쏠림 현상이 지속적으로 나타나는 것은 어떤 영향을 끼칠까. 누구는 "그럼 여성도 이공계에 가면 그만"이라고 말할 수 있겠지만 현실에는 아직까지 여러 장벽이 존재해.

남성 중심적인 문화가 강하다 보니 여성이 성차별을 겪는 경우가 빈번하지. 왜 공대에 왔느냐는 타박부터 여성이라는 이유만으로 충분한 연구 기회를 잡지 못하는 일이 벌어지기도 해. 2017년에는 이렇게 성차별을 겪은 경험을 직접 기록하고 모은 〈이공계 내 성희롱/성차별 공개된 사례 아카이빙〉이 생겨나기도 했어.

한때 '공대 아름이'라고 불리며 이공계에 거의 없는 여학생을 찬양하는 듯한 광고가 등장한 적이 있는데, 이는 이공계가 얼마나 성차별적으로 구성돼 있는지 그 단면을 보여 주지. 입학하는 여성 수도 적지만, 이공계에서 꾸준히 공부하고 연구 성과를 내 오랫동안 이 분야에 종사하는 여성 비율도 절대적으로 적어.

이게 왜 문제가 될까? 이처럼 한 분야에서 남성 쏠림이 공고해지면 해당 분야의 연구나 발명 결과도 대부분 '남성 중심'이 될 수밖에 없기 때문이야. 오로지 남성만이 기준이 된 발명이 계속 나오는 거지.

예컨대 여성과 남성은 평균 키, 몸무게, 호르몬, 대사, 유전

적 특징이 달라서 같은 약이라고 해도 성별에 따라 약물 반응
이 차이가 날 수 있어. 그런데도 남성의 신체를 기준으로 효능
과 복용량을 결정하는 일이 생겨. '대장암'은 남성이 주로 걸
리는 질병으로 알려졌는데, 알고 보니 여성에게도 자주 발생
한다는 사실이 드러났어. 여성에게는 치료법을 다르게 적용해
야 한다는 점도 의학 분야의 '젠더 편향'을 인식한 뒤 최근에
야 나온 연구 결과지.

그뿐이 아니야. 약학 분야에서 사용되는 실험동물도 '수컷'
이 5배 많고, 자동차 충돌 실험에 쓰이는 인형(더미)은 성인 남
성의 신체를 기준으로 만들기 때문에 이보다 몸집이 작은 탑
승자들의 안전에는 소홀해질 수밖에 없어. 로봇이나 인공 지
능(AI)은 또 어떻고. 아마존은 채용 절차에 인공 지능을 도입
하겠다고 해서 화제가 된 적이 있는데, 글쎄 이 인공 지능이
이력서에 '여성'이라고 적혀 있으면 전부 탈락시켰지 뭐야. 왜
그랬는 줄 알아? 이 인공 지능을 개발할 때 남성들의 이력서
만을 토대로 만들었거든.

이렇게 성인 남성에게만 편향된 연구 결과를 개선하고자
2005년 미국 스탠퍼드대학에서는 '젠더 혁신'이라는 용어를
만들었어. 2009년부터는 관련 연구 방법과 사례를 구축하는
'젠더 혁신 프로젝트'를 진행하고 있지. 인공 지능, 의학, 로봇

등 어느 분야에서든 성별과 관계없이 '모든 이를 위한' 기술을 개발한다면 그거야말로 진정한 발전 아닐까?

여성의 사회 진출이 점차 늘고 맞벌이를 하는 부부도 많아졌지만 집에서 음식을 만들고, 청소와 빨래를 하고, 누구를 돌보는 일은 여전히 여성의 역할인 것처럼 여겨지곤 해. 여성이 집안을 돌봐야 한다는 편견은 결혼 후 여성의 경력이 단절되게 만들지. 한국이 성별임금격차에서 'OECD 1위'를 굳건히 지키는 이유이기도 해.

실제로 코로나19가 확산하는 동안 재택 근무와 온라인 수업이 이뤄지면서 부모의 하루 평균 자녀 돌봄 시간이 늘었는데, 맞벌이하는 여성은 5시간 3분에서 6시간 47분으로, 맞벌이 남성은 3시간 8분에서 3시간 54분으로 증가폭이 달라(서울대 '국제이주와 포용사회센터', 2020년). 통계청이 5년마다 실시하는 생활시간조사(2019년 기준)에서 맞벌이 가구의 하루 평균 가사 노동 시간을 보면 남편은 평균 54분, 아내는 평균 3시간 7분으로 집계됐어. 오늘 하루 동안 집에서 누가 어떤 가사노동을 하는지 적어 볼까? 어떤 차이가 있는지 확인해 보고, 왜 이런 차이가 발생하는지, 이 차이를 어떻게 줄일 수 있는지 친구들과 함께 이야기해 보는 건 어때?

가사 노동 행위	누가 (ex.엄마, 아빠, 할머니, 할아버지, 본인 등)	얼마나 (ex.○시간○분)
식사 준비		
설거지		
빨래		
청소		

3장

우리는 사물이나
대상이 아니거든요!

'여성은 외모, 남성은 능력이 중요하다.' 한국 사회에는 이런 잘못된 편견이

뿌리 깊게 박혀 있어. 그래서 여성의 외모가 여성의 모든 것을 나타내는 듯이

여겨지곤 하지. 여성의 몸을 평가하고 재단하는 일이 정말 흔하게 일어나.

심지어 여성 체조 선수에게는 하체를 가리는 유니타드가 아닌 수영복 같은

레오타드를 오랫동안 입게 한 것처럼 말이야. 경기력과는 아무 상관이

없는데도. 여성의 외모를 마치 값을 매겨 사고파는 상품처럼 여기는

분위기도 쉽게 느낄 수 있어. 이런 일은 왜 잘못된 걸까?

힙합 노래 속 여성은 왜?

엠넷의 〈쇼 미 더 머니〉를 본 적 있어? 래퍼들이 출연하는 힙합 서바이벌 프로그램으로, 2012년에 시작해 10년 넘게 큰 인기를 이어 오고 있지. 경연에 올라간 래퍼들과 그들이 부른 곡이 대중에게 큰 인기를 얻었을 뿐 아니라 힙합 문화 자체가 널리 알려진 계기가 됐어. 랩을 하는 10대들의 출연도 점점 늘어났고 말이야.

이 랩의 매력은 뭐니 뭐니 해도 역시 래퍼들이 직접 쓰는 가사에 있어. 가사에 래퍼들의 개성이나 메시지가 담기는 경우가 많잖아. 박자나 라임(일정한 자리에 비슷한 발음이 비슷한 단어를 배치하는 일)을 얼마나 잘 맞추느냐도 중요하지만, 가사에 어떤 내용이 담겼느냐에 따라 청중의 호응이 달라지기도 하거든.

그런데 이렇게 인기 있는 힙합 노래의 가사가 문제 된 적이 종종 있어. 주로 남성 래퍼들이 여성과의 성관계를 묘사하거나 여성의 몸을 성적 대상화해서 쓴 가사들 때문이야. 여성의 몸을 성적인 관점에서 묘사하거나, 여러 여성과 만나고 성관계를 맺는 일이 마치 최고의 성공인 듯이 묘사한 가사를 찾기는 어렵지 않아. 그런 일이 많은 돈을 벌고 명품 옷을 입고 비싼 자동차를 갖는 것과 함께 성공의 척도로 묘사되기도 해. 즉 사람 대 사람으로서 여성과 감정을 교류하고 진솔한 관계를 만들어야 한다는 관점보다는 단지 성적으로 쟁취해야 할 '대상'으로 여기는 관점이 고스란히 녹아 있는 경우가 흔하게 발견돼. 비단 한국에서만 그런 건 아니야. 미국 유명 힙합 가수의 뮤직비디오를 보면, 가수의 양옆에 노출 의상을 입은 여성을 세워 두고 마치 승리자처럼 웃는 장면을 흔하게 발견할 수 있지.

이렇게 여성을 성적인 대상으로 보는 문화가 자연스레 스며들어 있다 보니 한 번은 큰 사건이 벌어지기까지 했어. 한 프로그램에 출연한 어떤 가수가 노래에 여성들을 향해 "산부인과에서처럼 다리를 벌리라"는 내용을 넣어 성적인 의미를 강조한 가사를 쓴 거야. 이 노래를 듣는 여성들에겐 명백히 성희롱으로 여겨질 수밖에 없는 내용이었지.

모욕감을 느낀 여성들의 항의가 빗발쳤어. 대한산부인과의사회에서는 성명문을 발표해 방송사와 가수 그리고 소속사에 공식 사과를 요구했어. 이 가사가 여성들에게 성적 불쾌감과 모욕감을 느끼게 할 뿐 아니라 그 방송을 시청한 10대 청소년에게 잘못된 성적 가치관을 심어 주고, 또 산부인과에 대한 오해를 심어 줄 수 있다는 이유였지.

산부인과는 단지 아이를 낳는 곳이 아니라 자궁, 난소 등 여성의 신체 기관을 정기적으로 검진하는 곳이야. 건강을 관리하면서 큰 질병을 예방하기 위해 여성이 필수적으로 다녀야 하는 곳이지. 그런데 그 노래는 산부인과를 여성이 성적인 의미에서 남성을 위해 다리를 벌리는 공간인 것처럼 묘사한 점도 대한산부인과의사회에서 문제 삼았어.('산부인과'라는 명칭이 임신한 여성만 갈 수 있는 곳이라는 오해를 불러일으켜 미혼 여성들이 방문을 꺼리기 때문에, '여성의학과'로 바꾸자는 이야기도 있어.)

폭력적 가사에 숨은 여성 비하

여성에 대한 신체적·성적 폭력을 가사에 담아 논란이 된 일도 있었어. 한 래퍼는 만나고 싶은 여성을 "때려서라도 내 것으로 만들겠다"는 가사를 썼어. 여성과 친밀한 관계를 맺는 것과 여성을 때리는 일은 아무 상관이 없는데 말이야. 마치 여성은 남성이 내키는 대로 폭력을 행사해도 되는 '소유물'인 것처럼 여겨지게 해. 만약 여성을 똑같이 존중받아야 할 사람이라고 생각한다면 이런 가사를 쓸 수 있었을까?

이런 일도 있었어. 급진적 여성주의자를 "XX년들"이라고 욕하면서 "다 강간하겠다"라는 내용의 가사가 공개된 거야. 여성을 성적으로 대상화하고 남성인 래퍼 자신을 떠받들거나 장식하는 액세서리처럼 표현하는 경우도 오랫동안 있어 왔지만, 이 가사는 한 발 더 나아가 특정 여성에게는 성범죄를 '해도 된다' 또는 '할 수 있다'고 공언한 꼴이지. 이런 가사들을 정말 '힙합 문화'의 특성 또는 '표현의 자유' 차원에서 충분히 이해할 수 있을까?

본래 힙합 문화는 미국에서 흑인과 히스패닉 등 유색 인종이 사회적 차별에 자유롭게 저항하고 기득권을 비판하는 성격을 띠고 탄생한 문화야. 미국에도 여성을 대상화하는 문화가 전혀 없지는 않지만 이렇게 폭력과 차별을 공공연히 승인하는 방식으로 작동하지는 않아.

어떤 래퍼는 가사에서 특정 여성 가수를 언급하며 성희롱을 하여 법정 다툼까지 간 적이 있어. 당시 재판부(1심)는 "피고인(해당 래퍼)의 예술의 자유가 중요한 만큼 피해자의 인격권과 명예 감정도 매우 소중하고 보호받아야 한다"며 피고인에게 유죄(징역 6개월에 집행 유예 2년)를 선고했어. 표현의 자유는 타인을 혐오하고 범죄 피해자로 만드는 것까지 용인할 만큼 '만능'인 권리가 아니라는 사실을 설명하는 판결이지.

이처럼 힙합 문화에서 여성을 대상화하거나 폭력적인 내용의 가사가 나타나는 이유가 단순히 특정 래퍼 개인의 문제 때문일까? 조금 다른 관점에서도 이 문제를 생각해 보자. 남성 래퍼 비율이 압도적으로 높은 힙합 문화에서 주로 과시하면서 나타나는 문화는 '남성성'의 특수한 특질에 기반한 경우가 많아. '남성성'은 쉽게 말해 남성이 지닌 성질인데, 단순히 생물학적으로 남성으로 태어나서 자연스레 습득하는 것이라기보다 오랫동안 사회적·문화적으로 "남성이라면 당연히 이런 모습이어야 한다"고 규정해 온 특성에 가까워.

평소 우리가 '남자답다'라고 생각하는 모습에 어떤 게 있는지 떠올려 보면 이해하기 쉬워. "남자는 눈물을 보이거나 감성적이어선 안 된다" "남자는 씩씩하고 터프한 모습을 보여야 한다" "남자는 여자를 보호해야 한다" "남자는 젊고 예쁜 여자를 만나는 것이 능력이다" "남자는 이성적이다" "남자는 여자보다 우수하다" "남자는 돈을 많이 벌어서 가족을 부양해야 한다" "남자는 더 호전적이고 적극적이다" 이런 고정 관념이 대표적이지.

이런 고정 관념은 많은 사람들과 사회가 아주 오랫동안 자연스럽게 받아들여 온 탓에 바뀌기가 쉽지 않아. 자라면서 '남자는 남자답게, 여자는 여자답게' 행동해야 한다고 배우기도 하고 말이야. 이런 규율은 남성이 여성보다 우월하다는 차별적인 전제 아래 특정한 성 역할을 강조한다는 점에서 문제가 있어. 남자라고 해서 모두 '남성적'인 건 아니지. 여자도 위에 서술한 특성을 지녔을 수 있고 개인에 따라 서로 다른 특성이 존재하는데, 위와 같은 통념은 그러한 '나다움'이 받아들여지지 않게 만들어.

특정한 방향으로 정해진 남성성은 남자들의 삶을 힘들게 만들기도 해. 슬퍼서 눈물이 나와도 눈치 보이고, 원치 않아도 '나'의 존재를 인정받기 위해 더 폭력적으로 행동하게 되고, 무엇보다 경제적으로 가족 부양은 오로지 남자들만 책임져야 할 것 같고, 더 많은 여자를 만나야만 내 존재가 '남자들 사회'에서 인정받을 수 있다고 여겨지게 하지. 사회적으로 만들어진 이런 틀이 남자인 내가 지닌 여러 특성을 드러내지 못하게 가두는 상자 같다고 해서 '맨박스'(manbox)라고 표현하기도 해.

힙합은 이런 '남성성'의 주요 특성, 특히 돈과 여성을 성공의 척도로 삼고 이를 자랑하는 내용이 가감 없이 표출돼 온 장르이기도 해. 최근에는 남성성의 또 다른 특성이 힙합에 하나 더 나타났어. 바로 스스로를 '루저' '찌질이' '잉여' 또는 '흙수

저'로 정체화하면서 그 고통의 원인을 여성이나 소수자에게 돌리는 방식이야. 주로 사회 경제적인 변화 때문에 이런 변화가 나타나. 더는 우리 부모님 세대만큼 경제가 성장하는 시기가 아니고, 당장 취업조차 어려운 상황에서 나는 '남성'으로서 경제적으로 성공하기 어려우니 패배감에 휩싸이는 거지. 취업·연애·결혼·출산·인간관계 등을 포기하는 'N포 세대'라는 말이 사회적 현상이 된 점을 떠올려 보면 더 잘 이해할 수 있을 거야.

책임을 왜 남에게 돌릴까?

앞서 언급한 것처럼 래퍼의 여성 혐오적 가사에 나타나는 남성성을 분석해 본 연구도 있어. 한 래퍼의 가사에는 보편적으로 '자학' 정서가 존재했다고 해. 연애와 사랑은 늘 실패하지, 경제적으로 성공해서 부모님께 효도하고 싶은데 마음처럼 되지 않는 현실은 답답하고 절망스럽지. 그런데 사회 경제적인 상황을 당장 스스로 바꾸긴 어려워. 그렇지만 '나를 만나 주지 않는 여성'을 비난하는 건 쉽지. 그래서 자신이 충분히 '남성적'이지 못하다는 '실패'의 이유를 '돈을 밝히고 예쁘지도 않고 나를 만나 주지 않는' 여성을 비난하면서 그들에게 돌리는 식으로 풀어 쓰는 거야.

뒤에서 한 번 더 다루겠지만, 이런 정서는 특정 래퍼 한 명만이 아니라 남성들이 많이 이용하는 주요 온라인 공간에도 공통적으로 나타나. 이 래퍼가 10대 사이에서 매우 인기가 좋았고, 그의 가사가 '진정성'이 있다고 공감하는 이들이 많았던 점 역시 이런 감성이 특정 개인만의 생각은 아니라는 사실을 보여 주지. 타자(여성)에게 책임이 있어야 나의 '남성성'이 더 이상 불안하게 흔들리지 않는다는 공감대가 그만큼 널리 형성됐다는 점을 보여 주는 현상이기도 해.

문제는 이처럼 다른 이들에게 책임을 돌리는 방식이 아무것도 해결해 주지 않는다는 점이야. 여성을 비난하고 그들에게 폭력을 행사한다고 해서 여성과 친밀한 관계를 맺을 수 있는 건 아니잖아. 일시적으로 감정을 해소하는 창구가 될 수 있을지는 모르지만, 그런 방식으로 남성의 사회적 지위가 올라가지는 않아.

그러기보다는 사회적으로 굳어진 '남성성'을 둘러싼 통념이 얼마나 시대착오적인지를 똑바로 인식하고, 무엇이 잘못됐는지, 어떻게 바꿔 나가야 하는지 함께 고민하는 태도가 생산적이지 않을까? 수많은 특성을 지닌 나 자신을 고리타분한 통념에 가둘 필요가 있을까? 저런 통념이 생기던 때와는 달라진 사회에서 남성의 역할은 무엇인지 고민해 보면 어떨까? 신나는 비트와 진정성 있는 가사를 담은 힙합 문화를 즐기기 전에 한번 생각해 보면 좋을 듯해.

미스 코리아가 무슨 문제야?

제 옷은 예쁘지만, 편하지는 않습니다.

불 —— 편

저는 아름답지만, 자동차를 위한 것입니다.

찰칵!

찰칵!

수영복을 입고 있지만, 수영을 하진 않습니다.

직장 유니폼이지만, 일의 능률을 올리는 옷은 아닙니다.

안녕하십니까.

야구장에 가면 저절로 몸이 들썩여져. 선수들이 등장할 때마다 신나는 음악이 나오고 관중석 앞쪽에 설치된 무대 위에서는 응원단장과 치어리더가 계속 분위기를 돋우지. 야구 규칙을 잘 모르거나 야구장에 처음 갔어도 경기를 정말 재밌게 즐길 수 있게 해. 응원을 열심히 따라 하다 보면 어느새 땀이 송골송골 맺히기도 하지. 이처럼 신나는 응원은 야구장을 찾게 하는 또 다른 요소가 된달까.

그런데 이 응원을 보다 보면 조금 의아한 점을 발견할 수 있어. 우선 팀이나 종목을 가리지 않고 대부분 응원단장은 남성, 치어리더는 여성이라는 점이야. 또 여성 치어리더들은 유난히 짧은 하의를 입는 등 노출이 심한 편이지. 남성 응원단장의 의상과는 완전히 달라. 함께 응원하지만 여성만 외모와 몸매가 강조되고 있는 셈인데, 어떻게 생각해? 과연 자연스러운 일일까?

여성 치어리더의 경우처럼, 여성의 외모와 몸매가 마치 그 일을 하기 위한 '능력'의 일부로 여겨지는 사례는 다른 분야에서도 쉽게 찾아볼 수 있어. 새로운 자동차를 공개하는 모터쇼에서 노출이 심한 의상을 입고 차 옆에 서 있는 레이싱걸, 격투기 경기 중간중간 링 위에 올라가는 라운드걸도 있지. 우리가 잘 알고 있는 미스 코리아는 하나의 '직업'이라고 말하긴 어렵지만, 외모와 몸매를 평가의 잣대로 삼는 점에서는 위의 직업과 공통적이야.

기왕이면 예쁜 외모인 게 왜 문제 되느냐고 의아해할 수 있어. 하지만 여성이 갖춘 전문성과 능력이 오로지 외적인 부분만으로 평가되는 데에는 충분히 문제를 제기할 수 있어. 여성을 성적인 대상으로만 바라보게 만들기 때문이야. 남성과 동등하게 일하는 존재가 아니라 품평하거나 심지어 소유할 수 있는, 그렇게 해도 되는 대상으로 여겨지게 하거든. 여성의 아름다운 외모는 남성을 시각적으로 만족시키기 위해 필요한 것이라는 잘못된 편견을 만들기도 해. 해당 직업에 종사하는 여성이 지닌 다른 능력이 아니라 그들의 외모를 마치 하나의 상품처럼 거래하게 만든다고 해서 '성상품화'라고 말하기도 하지.

남성의 시선에서 대상화하고 소비되는 여성

여성을 전문적인 직업인이나 남성과 동등한 존재로 바라보지 않고 이렇게 성적으로 대상화해서 바라보는 시각은 종종 그들의 인권 자체를 침해하는 일로도 이어져. 실제로 치어리더나 라운드걸을 대상으로 하는 성희롱·성추행 사건이 자꾸만 벌어지고 있어. 남성 격투기 선수가 여성 라운드걸의 동의 없이 그의 몸을 꽉 껴안는다거나 야구장에서 치어리더를 성추행해 입건된 사례도 있고.

더 충격인 사실은 온라인상에서 많은 이들이 라운드걸이나 치어리더를 대상으로 "그럴 수 있다"고 반응했다는 점이야. 라운드걸이 하는 일은 본래 '스킨십'을 해 줘야 한다거나 치어리더의 옷이 짧으니까 남성을 자극할 수밖에 없다는 등 성범죄를 정당화하고 그 잘못을 여성에게 돌리는 댓글이 여럿 달렸어. 치어리더가 옷을 갈아입으러 가는 길에 있다가 불법 촬영을 하는 일까지 벌어진 적도 있어.

여기서 우리가 꼭 짚어 봐야 할 점이 있어. 치어리더는 경기장의 응원 분위기를 돋우기 위해 일하는 사람들이야. 음악에 맞춰 응원 동작을 가미한 춤을 추며 관중도 덩달아 흥겨워지게 돕는 이들이지. 노출이 필수적일 필요는 없어. 그런데 왜 이런 문화가 자리 잡았을까? 스포츠가 전통적으로 남성의 영역이라고 여겨졌기 때문이야. 지금이야 야구장에서 여성 팬을 찾아보기가 전혀 어렵지 않지만, 프로 리그가 처음 시작할 때만 해도 그렇지 않았어. 그 시절에 치어리더는 남성 선수와 남성 관중이 다수인 곳에서 이들을 보조하는 여성의 역할을 한

셈이야. 그래서 남성에게 '보여지는' 이상적인 여성의 몸을 요구하는 거지. '모터쇼' '격투기'도 모두 전통적으로 남성의 영역이라고 여겨졌잖아. 이렇게 남성적이라고 여겨지는 영역에서 여성은 남성을 거드는 역할을 하고, 이런 직업들은 남성의 시선에서 대상화하고 소비되는 여성의 몫으로 굳어져 왔어.

치어리더를 향한 성희롱, 성추행 등이 발생하고 치어리더로 일하는 이들이 고통을 호소하자 2018년에는 스포츠 경기에서 치어리더를 폐지해야 한다는 청와대 국민 청원까지 올라왔어. 스피드를 겨루는 경기인 자동차 경주 포뮬러1(F1) 대회에서는 2018년부터 레이싱걸 역할을 맡기며 여성을 경기장에 세우던 '그리드걸' 제도를 폐지했어. "'그리드걸'과 같은 관습이 F1이 추구하는 가치와 현대 규범에 맞지 않는다"는 이유였어. 그런가 하면 독일의 한 프로 농구팀도 2019년에 "젊은 여성이 스포츠 경기 도중 '오락물'처럼 나오는 건 시대에 맞지 않는다"며 하프 타임의 치어리더 공연을 폐지했어.

치어리더 제도 자체를 폐지하는 게 정답일까? 넷플릭스 다큐멘터리 〈치어: 승리를 위하여〉를 보면 치어리딩이 단순히 춤을 추는 행위가 아니라 마치 스포츠 경기처럼 느껴질 만큼 역동적이고 박력이 넘치는 운동이라는 걸 알 수 있어. 그런데 스포츠 선수를 응원하는 보조적인 존재로 자리 잡으면서부터 이런 능력보다는 외모, 몸매, 성적인 매력만 강조돼 왔지. 치어리더라는 직업 자체를 없애는 것이 아니라 응원 방식을 바꾸면 해결될 문제일까? 레이싱걸이나 라운드걸의 경우는?

어떤 직업의 여성이건 '성적 대상화'하는 건 성차별적인 문화야. 그 직업을 없애면 성적 대상화가 줄어들까? 더 나은 응원 문화는 어떻게 만들어야 할까? 우리가 함께 고민해 봐야 할 문제라고 생각해.

왜요, 미스코리아가 어때서요?

우리나라에는 여성의 외모와 몸매를 품평하는 전통적인 자리가 또 하나 있어. 바로 1957년에 시작된 '미스 코리아' 대회야. 해마다 한국을 대표하는 아름다운 여성을 '진·선·미'로 선발하는 미스 코리아 대회는 한때 지상파 TV에서 생중계를 할 정도로 인기가 많았대. 미스 코리아 대회에서 주최 측은 "단순히 외모만 보는 것이 아니다"라고 말하지만, 얼굴과 몸매를 평가하는 수영복 심사가 언제나 가장 주목받았지. 1989년에 열린 33회 미스 코리아 대회 중계방송의 시청률은 무려 54%나 됐다고 해. 전 국민의 절반이 넘는 사람들이 미스 코리아 대회에 참가한 후보들의 수영복 심사를 함께 지켜본 셈이야. 게다가 수영복 심사는 이 대회가 원하는 지원자들의 몸매가 얼마나 획일적인 기준을 갖춰야 하는지 짐작케 하지.

지원자의 여러 가치관과 의견까지 두루 살펴본다고 하는데, 그 점이 주요하다면 어째서 여성의 얼굴과 몸을 세세하게 평가하는 방식이 수십 년 동안 유지되는 걸까? 비판이 이어지자 2019년 주최 측에서는 수영복 심사를 폐지하겠다고 했지만, 본선 후보의 '수영복 영상'은 그대로 공개한다고 밝혀 논란거리가 됐어. "하나의 콘텐츠로서 수영복 영상을 공개하는 것"이라고 했어도, 여성의 외모를 하나의 상품으로 보고 품평하고 서열을 매겨 온 기존 방식을 그대로 유지하는 것이나 다름없지. 미스 코리아 대회뿐 아니라 전국 각지에서 주최하는 미인 대회도 대부분 비슷해. 결국 여성의 외모 그 자체가 '상품'이라는 지적에서 자유롭기는 어렵지.

미인 대회가 여성의 성상품화를 부추긴다는 지적이 꾸준히 제기되면서, 한국에서는 이에 반대하는 '안티 미스 코리아' 대회가 열리기도 했어. 1999년에 시작돼 6회까지 이어진 이 대회에서는 남녀노소 누구나 참가해 노래·연기 등 자신의 재능을 보여 주고 관객 투표로 주인공을 뽑았대.

미스 코리아 대회의 역사가 긴 만큼, 미스 코리아가 마치 이상적인 여성상처럼 여겨지는 문화마저 존재해. 여성 아나운서가 되려면 미스 코리아 대회 입상이 필수적인 경력처럼 여겨지기까지 했어. 미스 코리아 대회 역대 입상자들을 살펴보면 다들 비슷한 키와 체형이라는 사실을 쉽게 알 수 있을 거야.

이런 대회가 공식적으로 수십 년간 존재한다는 건, 여성의 몸이 사회적으로 받아들여지는 기준도 단 하나로 통일되어 있는 것처럼 인식하게 만들지. 그 기준에 맞추기 위해 노력하는 게 당연시되기도 하고 말이야. 2019년 6월, 대구경북여성단체연합은 "미스 코리아 대회 등 미인 대회가 획일화한 외모 기준으로 인권을 침해하고 차별을 조장한다"며 국가인권위원회에 미인 대회 폐지를 요구하는 진정서를 제출한 적이 있어. 그런데도 미스 코리아 대회는 여전히 개최되고 있지만 말이야.

미인 대회에 대한 항의가 한국에만 있지는 않아. 미국에서도 오래전부터 '미스 아메리카' 대회에 항의하는 움직임이 있었어. 1968년 미국 애틀랜틱시티에서 미스 아메리카 대회가 열렸는데, 이 자리에 젊은 여성 400여 명이 모였대. 이들의 이름은 '뉴욕의 급진 여성들'이야.

이들은 드럼통 모양의 쓰레기통에 '자유의 쓰레기통'이라고 적어 넣고 거기에 코르셋, 하이힐, 브래지어, 화장품, 성인 잡지 《플레이보이》 따위를 버렸어. 이것들이 모두 여성의 몸을 옥죄고 억압해 온 도구라고 봤기 때문이야. 속옷은 여성의 몸매를 직접적으로 강조하지. 《플레이보이》는 여성을 성적 대상으로만 바라보는 것으로 유명한 잡지였고. 이들 중 몇몇은 대회장에 들어가 '여성 해방' '더 이상의 미스 아메리카는 안 된다'(no more miss america)라는 구호를 들거나 외쳤어.

미스 아메리카 대회도 지금껏 열리고 있어. 다만 한 가지 변화는 생겼지. 자신이 겪은 성폭력 경험을 다른 이들과 공유한 '미투' 운동이 2017년 미국에서 시작해 전 세계적으로 퍼져 가자 2018년 수영복 심사를 폐지했거든. 대회가 처음 개최된 이후 무려 97년 만의 일이야.

'아름다움'의 진짜 의미가 무엇일까?

위에 언급한 여러 사례는 여성의 외모와 몸을 포함해 여성의 '아름다움'이 사회에서 어떻게 받아들여지고 평가되는지를 보여 주지. 공통점은 바로 여성이 저마다 지니고 있는 본래의 특성과 아름다움보다는 외부에서 다른 이들, 주로 남성의 시선으로 재단한 아름다움을 추구한다는 점이야.

꼭 이런 직업에 종사하거나 대회에 나가는 여성들에게만

해당하는 얘기는 아니야. 2022년 여름 여성 패션 중에 배가 보이도록 짧은 '크롭티'나 가슴 밑부분이 보이는 '언더붑' 상의가 유행했다고 해. 사실 둘 다 일상생활을 하기에는 불편하고 오로지 여성의 아름다움을 강조하는 형태의 옷이야.

그런데 이런 노출이 아름다움의 기준이라면 왜 남성에게는 같은 기준이 적용되지 않을까? 남성의 시선에서 여성의 몸을 바라보는 시선과 여성이 자신의 몸을 바라보는 시선은 어떻게 다를까? 이런 질문을 통해 아름다움의 의미가 무엇인지 고민해 볼 필요가 있어. 성적 대상화 또는 성상품화가 오로지 여성에게만 해당하는 일은 아니지만, 대상화하는 여성의 비율이 남성보다 압도적으로 높은 이유는 무엇인지도 고민해 봐야 하고.

칭찬하려는 의도에서 '예쁘다' '살 빠졌다' '연예인 닮았다' 이런 말을 하지만, 되도록 외모를 언급하지 말자는 캠페인이 벌어진 적도 있어. 그런 칭찬도 상대가 외모에 강박 관념을 품게 만들기 때문이지. 마른 몸일 때 칭찬을 받는다면? 평생 그 몸을 유지하려고 애쓰게 될 거야. 화장했을 때 칭찬을 받았다면? 날마다 그런 화장을 해야 한다는 심리적 압박을 느낄 수도 있고. 한국에서 '아름다움', 특히 여성의 외모와 아름다움은 어떤 평가의 대상이 되는지 한번 돌이켜 보면 좋겠어.

웹툰 속 성차별을 즐길 수 없는 이유

어머, 지난 이야기를 못 봤더니! 저 사람 팀장으로 승진했어?

능력 발휘를 했나 보지, 뭐.

능력 발휘? 아, 나도 왠지 알 것 같아!

그니깐 저 사람이 누구랑 자고 그랬나?

그게 뭔 말이야?!?

우리 반 애들 보는 웹툰에서 봤어. 어른들이 회식하고 어디 들어가서 몰래 사귀고 나오면 승진하던데?

헐···

심심할 때 시간을 주로 어떻게 보내? 요즘은 스마트폰을 가진 이들이 많으니까 유튜브 또는 틱톡 영상을 보거나, 친구들과 메신저로 이야기하거나, 인스타그램 같은 SNS 계정을 둘러볼 수 있지. 평소 즐겨 방문하는 온라인 커뮤니티가 있다면 거기서 놀 수도 있고, 인기리에 연재되는 웹툰을 보거나 온라인 게임을 할 수도 있지. 이번 장에서는 이 가운데 웹툰 얘기를 해 보려고 해.

요즘은 웹툰을 원작으로 한 드라마나 영화가 제작되고, 심지어 번역돼서 다른 나라로 수출될 만큼 한국 웹툰이 인기가 많아. 15~19세 청소년 4명 중 1명(24.5%)은 "거의 매일 웹툰을 본다"고 답한 통계도 있어. 그런데 이렇게 많은 사람들이 즐겨 보는 웹툰에서도 다양한 성차별 사례를 찾을 수 있어.

가장 쉽고 흔하게 발견할 수 있는 사례는 캐릭터를 지나치게 성적으로 대상화하는 경우야. 무엇보다 여성 캐릭터의 몸을 지나치게 과장되게 그리거나 과도하게 드러내면서 성적인 도구처럼 표현하는 장면이 많아. 특정 신체 부위를 부각해서 묘사하거나 수동적이고 무기력하고 연약해 보이는 포즈를 취하는 장면도, 여성을 남성의 욕망을 채우기 위한 수단으로 바라보게 하거나 마치 남성이 '소유 가능한' 대상처럼 보이게 하지. 이런 모습은 일상생활에서 남성과 동등한 사회 구성원으로 살아가는 여성의 실제 모습과 동떨어져 있어. 게다가 웹툰 속의 이런 자극적인 여성 캐릭터 묘사에 익숙해지면 여성들에 대한 편견을 만들어 낼 수 있다는 점에서 바람직하지도 않지.

2021년에 서울YWCA에서 인기 있는 웹툰 플랫폼 5곳의 웹툰 50편을 일주일 동안 모니터링한 적이 있어. 그 결과 여러 성차별 사례 가운데 여성을 성적 대상화하는 경우가 전체의 46%에 이를 정도로 가장 흔했다고 해. 장르별로는 액션·무협 장르 웹툰에서 대상화하는 경우가 가장 많았고.

비단 캐릭터의 모습만이 문제가 아니야. 여성은 자녀를 출산하고 남성은 가문을 이어 간다는 가부장적 인식이 반영되어 있고 여성에 대한 폭력, 즉 불법 촬영, 신체적·성적 폭력, 온라인 그루밍 등을 단순한 흥밋거리로 가볍게 소비하는 사례가 여럿 발견되었다고 해. 오로지 외모를 기준으로 여성의 가치를 평가하고, 외모를 이유로 사람을 차별하거나 권력관계를 형성하는 등 외모 지상주의 시선이 그대로 녹아 있는 웹툰도 발견됐어.

이렇게 단편적인 시선만 가득한 웹툰은 이미 사회에 존재하는 성차별 인식을 그대로 담을 뿐 아니라 해당 웹툰을 보는 독자들에게 이를 알림으로써 재생산하는 역할을 하지. 더구나 우리가 웹툰을 공부하듯이 보지는 않잖아. 재밌게 즐기면서 보는 거지. 그러다 보니 웹툰 안에 담긴 차별이나 혐오에 대해서도 고민하기보다 웃으며 넘어갈 수 있고, 그러다 보면 차별적 인식을 그대로 학습할 수 있어.

채용 시장에서 여성이 겪는 성차별

우리는 이런 웹툰이 현실을 얼마나 왜곡하는지, 또 현실에 어떤 영향을 끼칠 수 있는지도 고민해 봐야 해. 2020년에 어느 유명 만화가가 그린 웹툰 장면이 크게 논란이 돼 청와대 국민 청원 게시판에 항의 글이 올라오고 해당 플랫폼에 웹툰 연재를 중단해 달라는 요구가 빗발친 적이 있어. 문제가 된 장면은 20대 여성 주인공이 40대 남성 상사와 성관계를 맺은 뒤회사 정직원으로 채용됐다고 암시하는 내용이야. 직접적으로 표현하지는 않았지만 여러 암시 장치를 통해 여성 주인공이 잘못된 방법을 이용해 취업했다는 점을 보여 주는 셈이야.

이런 내용을 접한 독자들에게는 어떤 편견이 생길 수 있을까? 치열한 취업 시장에서 '젊은 여성 중 누군가는 이런 방법으로 취업했을지도 모른다'라는 편견이 생기기 쉽지. 취업뿐 아니라 여성이 학교에서 좋은 성적을 받거나 직장에서 승진하면 '실력으로 성취하지 않았을 것이다'라는 잘못된 생각을 할 수도 있어.

뿐만 아니라 정작 채용 시장에서 여성이 겪는 성차별적 현실을 간과하게 만들기도 해. 여성은 채용·승진·업무·임금 등 다양한 분야에서 여전히 남성에 견줘 차별을 받고 있어.

KEB하나은행은 2013년 하반기 공채에서 남녀 합격자 비율을 미리 '4 대 1'로 정해 두고, 서류 전형에서 여성 커트라인 점수를 남성보다 48점이나 더 높게 책정했어. 만약 이런 차별이 없었다면, 서류 전형에서 합격한 여성은 619명이 더 많았을 거라고 해. 임원 면접에서도 합격권에 든 여성 2명을 떨어뜨리고 합격권 밖에 있는 남성 2명을 채용했지. 오로지 남성을 뽑기 위해서 심사 점수까지 무시한 거야. KB국민은행도 2015년 상반기 공채에서 남성 합격자 비율을 높이기 위해 남성 지원자의 서류 전형 평가 점수를 높이고 여성 지원자의 점수를 낮추어 조작한 사실이 드러나 담당자가 실형을 선고받았어.

같은 업무를 해도 남성은 정규직, 여성은 비정규직으로 채용되는 경우도 있지. 국가인권위원회는 2020년에 대전MBC가 관행적으로 남성 아나운서는 정규직, 여성 아나운서는 프리랜서나 계약직 형태로 채용해 왔다며 이를 시정하라고 권고했어. 하는 일은 비슷한데 유독 여성 아나운서만 정규직으로 뽑지를 않은 거야. 실제로 각 지역 MBC 아나운서들의 계약 형태 현황(2019년 8월 기준)을 살펴본 결과, 남성은 36명 중 31명이 정규직인 데 견주어 여성은 40명 중 11명만 정규직으로 나타났어.

여성들은 면접 과정에서 "직장에서 성희롱을 당하면 어떡할래요?" "상사가 스킨십을 시도하면 어떻게 할 거예요?" "'미투' 때문에 여자는 채용하지 않는데 그냥 한번 불러 봤다" "여자들은 결혼하고 애 낳고 금방 회사를 관둬서 문제다" 같은 차별적이고 모욕적인 발언을 들었다는 사례도 끊임없이 나오고 있어.

더욱이 한국에서는 여성이 어렵사리 취업하더라도 30대에 결혼, 출산을 거치면서 경력이 단절되는 비율이 높아. 한국은 OECD 회원 국가 중 유일하게 고용률 그래프가 M자 모형인

나라야. 고용률이 20대에 높아졌다가 30대에 푹 꺼지고 40대 이후 서서히 다시 높아지는데, 이때는 예전 경력을 인정받지 못하고 비정규직·시간제 일자리에 취업하는 비율이 높아.

고용에서 차별이 있으니 당연히 임금에서도 차별받을 수밖에 없어. 한국은 OECD 국가 가운데 남녀 임금 격차가 31.5%(2022년 기준)로 전 세계에서 가장 높은 나라야. 그것도 무려 30년째 '1위' 자리를 놓치지 않고 있어. 남성이 여성보다 육체적으로 '힘든 일'을 하기 때문에 이런 격차가 당연할까? 그렇지 않아.

한 연구 결과를 보면, 2021년 기준 남성의 시간당 임금이 여성보다 평균 5273원 높았대. 이 중 가장 큰 비중을 차지하는 격차(955원)는 '남녀의 직장 근속 연수 차이'에서 비롯된다고 해. 위에 설명한 것처럼, 여성이 출산·육아를 전담하면서 30대에 경력이 단절되고 재취업이 어려운 상황이 반영된 현상이야.

웹툰을 더 재미있게 즐기는 법

어때, 실제 채용 시장은 웹툰에서 묘사된 것과는 꽤 차이가 나지? 지금 이 순간에도 많은 여성 노동자들이 자신의 능력을 편견 없이 그대로 인정받기 위해, 또 경력을 안정적으로 이어 가기 위해 애쓰고 있어.

그런데 여성 노동자를 부적절하게 묘사한 웹툰이 계속 연재된다면 어떻게 될까? 아무리 '만화적 상상력'이 가능하다고 해도 현실 속 차별이나 혐오 표현을 아무렇지 않게 반영하는 것이 과연 적절한 일일까? 여성뿐 아니라 장애인을 비롯한 소수자에게 덧씌워지는 편견을 더 강화하는 건 아닐까?

웹툰을 재밌게 보는 건 좋지만 잘못 묘사한 점까지 마냥 무비판적으로 받아들이다 보면 우리도 모르게 세상을 잘못된 방향으로 인식하게 되지 않을까? 좀 더 건강한 독자가 되기 위해 어떻게 해야 할지 함께 고민해 보면, 웹툰을 더 신나게 즐길 수 있지 않을까 생각해.

평소 휴대폰으로 유튜브나 틱톡, 인스타그램 등 SNS에서 영상을 많이 보는 편이야? 유튜브는 한국인이 가장 오래 사용하는 앱 1위, 가장 많이 사용하는 앱 2위(와이즈앱, 2021년 기준)를 기록하기도 했어. 유튜브 등에 영상을 제작해 올리는 '콘텐츠 크리에이터'는 다른 꿈을 제치고 어린이의 장래 희망 1위를 차지했다는 소식도 들려. 공부하기 지루할 때면 좋아하는 유튜브 채널에서 영상을 보는 것만큼 재밌는 일이 또 있을까.

그런데 유튜브에서 무심코 마주하는 영상 중에는 성차별적 요소가 들어가 있는 경우가 많아. 탁틴내일이 2021년에 청소년이 출연하는 유튜브 채널 가운데 0~24살 구독자가 많은 상위 5개 채널을 분석한 결과 분석한 영상 중 절반에서 성차별적 요소를 발견했다고 해. 가장 많은 비율을 차지한 것은 바로 성적 대상화였어. 신체 노출이 많은 여성, 남성 이미지를 두고 대상화하거나 특정한 신체 부위를 평가 기준으로 삼는 식이지.

같은 해 서울YWCA가 유튜브 섬네일과 제목을 분석한 결과도 비슷해. 여성 아이돌의 '직캠' 영상을 올리면서 특정한 신체 부위를 강조해 촬영한 이미지를 섬네일로 선정해서 조회 수를 높이려는 영상이 여럿 발견됐어.

혹시 내가 오늘 본 SNS 속 영상에서 이러한 성적 대상화 요소는 없었을까? 함께 분석해 보고 어떻게 대응하면 좋을지 친구들과 토론해 보자.

영상 제목	주요 내용	문제점

4장

꿈꿉니다, 성별이 내 미래를 결정하지 않는 사회

최씨

최씨

임씨

엄마

아들

오빠

케이팝(K-POP)의 인기는 전 세계적이야. 세계 주요 도시에서 케이팝 노래에 맞춰 춤을 추는 이들의 영상을 보면 놀라울 따름이지. 한국 영화나 드라마의 인기는 또 어떻고. 게다가 한국은 경제적으로도 명실상부한 선진국에 들어. 전 세계 191개국 가운데 10위권의 경제 규모를 유지하고 있거든. 그러나 이런 놀라운 성취를 따라잡지 못하는 분야가 하나 있어. 바로 성평등 분야야. 성평등한 사회는 어떤 모습이고 왜 중요한지 함께 고민해 보자.

엄마 성 따르는 거 어때?

선생님이 곧 있음 시작한다고 준비하라며.

아, 응. 알았어.

너네 엄마 직장 다니시느라 바쁘시다며. 그래도 나랑 약속했는데… 어른들은 잘 까먹더라. 근데 있잖아~

하…

너… 아빠는, 하늘나라에 가셨어?

어? 하늘나라? 우리 아빠가?

응. 난 아빠 성 따라 박모OO인데 넌 엄마 성 따라 최무OO잖아. 아빠 안 계셔서 그런 거지?

?!

아냐, 이젠 엄마 성이든 아빠 성이든 택해서 쓸 수 있어~ 제긴 울 엄마 아빠다!!

만화 속 ○○는 엄마 성을 그대로 물려받았지만, 이 책을 읽는 사람 대부분은 아마 아빠 성을 따르고 있을 거야. 한국은 '자녀의 성은 아빠의 성을 따른다'는 뜻의 '부성주의'를 법(민법 781조 1항)에 명시했기 때문이야. 그런데 이 조항이 2008년에 바뀌었어. 앞부분은 그대로 자녀가 아빠 성을 따르라고 돼 있지만, 뒤에 이런 말이 덧붙었지. "부모가 혼인 신고를 할 때 협의한 경우"에는 엄마 성을 따를 수 있다는 내용으로 말이야.

우리나라에는 아빠 혈통을 중심으로 가족 관계를 기록하는 제도가 일제 강점기부터 도입됐는데 이 제도가 폐지됐거든. 여성에게 매우 성차별적일 뿐 아니라 세상에 존재하는 다양한 형태의 가족에게도 차별적으로 작용할 수 있다는 이유였어.

사실 이 제도 때문에 한국에는 '남아 선호 사상'이 팽배했지. 아빠의 '성씨'를 '아들'만 자기 자식에게 물려줄 수 있었기 때문이야. '아빠-아들-아빠-아들' 순서대로 성씨를 물려주는 게 가능했으니까. 그래서 옛날에는 한 집안에 딸만 태어나면 "대가 끊긴다"고 걱정하거나 비난하는 일이 많았어. 심지어 '딸'을 임신했다고 불법으로 임신을 중지시키는 일까지 빈번했지.

이런 역사를 곱씹어 보면, 아이가 엄마 성을 따르건 아빠 성을 따르건 부부가 합의해서 결정하는 게 더 합리적이라는 생각이 들 거야. 가정을 꾸리고 아이를 키우는 건 엄마 또는 아빠 혼자 하는 일이 아니라 '함께' 하는 거잖아. 이혼 가정이나 미혼모·미혼부 가정처럼 다양한 형태의 가족도 존재하는데, 만약 피치 못할 이유로 아빠랑 헤어지고 엄마와 함께 사는 아이들이 엄마 성을 따르고 싶어 할 수도 있고. 또한 아이에게 자신의 성을 물려주고 싶은 욕구가 아빠에게만 있는 건 아니지. 아이를 열 달 동안 자기 배 속에 품고 있는 엄마도 아이에게 자신의 성을 물려주고 싶은 마음이 들 수 있지 않겠어? 그럼 '법이 바뀌었으니까 다 해결된 것 아니야?'라고 생각할 수도 있겠다. 그러나 현실은 그렇게 녹록지 않아.

당연히 아빠 성을 따라야 한다?

아이에게 엄마 성을 물려주고 싶다면 결혼하면서 구청에 '혼인 신고서'를 낼 때 일단 "자녀의 성·본을 모의 성·본으로 하는 협의를 하였습니까?"라는 질문에 '예'라고 표시해야 해. 아이가 태어나고 출생 신고를 할 때 묻는 게 아니라 혼인 신고를 할 때부터 표시하라는 얘기지. 사실 혼인 신고를 할 때는 부부가 아이를 낳을지 말지, 아이가 누구 성을 따르게 할지 완전히 결정하지 않은 상태일 수도 있는데 말이야.

결혼할 때는 별 고민이 없다가 아이가 태어난 뒤에 엄마 성으로 바꾸고 싶다면? 그때는 구청에 신고하는 게 아니라 법원에 가서 자녀의 성과 본을 바꾸고 싶다고 신고한 뒤 허가 여부를 결정하는 재판을 받아야 해. 그러나 이 제도는 재혼 가정에서 자라는 자녀를 위해 도입됐기 때문에 이혼이나 재혼 같은 특정한 사유가 없으면 변경 허가를 받기 어려워.

그리고 설사 부부끼리 합의해 혼인 신고를 할 때 '자녀가 엄마의 성을 따르게 하겠다'에 표시한다고 해도 구청 쪽에서 잘못 신청한 것 아니냐며 화들짝 놀란다고 해. 실제로 혼인 신고 때 해당 질문에 '예'를 택한 부부들 말에 따르면 대부분 "구청에서 우리더러 잘못 썼다고 했다"거나 "질문을 다시 읽어 보라는 반응이 돌아왔다"고 해. 지금껏 단 한 번도 그 질문에 '예'를 선택한 사람이 없었기 때문이지.

부부가 진짜로 '엄마 성'을 따르기로 협의했다고 말하자 구청 쪽에서는 '협의서'를 찾느라 분주했다고 해. 이것도 이상하지? 부부가 벌써 협의해서 문항을 확인했다고 밝혔는데 추가로 협의서를 써야 한다니. 마치 이 결정이 못 미더워 거듭 확인 증명서를 받아 내려는 듯이 말이야.

'자녀는 당연히 아빠 성을 따라야 한다'는 인식은 비단 구청이나 법원 관계자들에게만 있지 않아. 사실 대다수 한국인들이 여전히 이런 사고방식에 젖어 있잖아. 그러다 보니 당장 자신의 가족, 특히 당연히 '남편 성'을 따르리라고 예상했을 아빠의 가족들은 반대하는 경우가 많아. 부부는 합의했지만 부모님 반대에 부딪혀 뜻이 좌절되기도 하고. 그럼에도 아이에게 엄마 성을 물려주는 사례가 조금씩 생겨나고 있어.

변화하는 사회

이런 변화를 법원이 받아들인 사례도 생겼지. 2021년 11월 서울가정법원은 현재 혼인 중인 부부가 아이에게 '엄마 성을 물려주고 싶다'는 이유로 '성·본 변경 청구'를 낸 사안에 허가 결정을 내렸어. 그래서 당시 생후 6개월이던 이들 부부의 딸이 엄마 성을 따를 수 있게 됐어. 그때 민주사회를위한변호사모임(민변) 여성인권위원회 가족법연구팀은 "어머니의 성과 본을 자녀에게 물려줌으로써 자녀가 입는 불이익보다 이익이 더 크고, 궁극적으로 자녀의 복리에 부합할 수 있다는 점을

(법원이) 인정한 것"이라고 밝혔어. 소송을 냈던 부부는 '아버지의 성·본을 자녀에게 물려주는 것이 기본이고, 어머니의 성·본을 물려주는 것이 예외적인 사회'는 평등한 사회가 아니라고 생각해서 자녀에게 엄마 성을 물려주기로 결정했다고 해.

제도적으로 변화를 모색하는 흐름도 꾸준해. 2020년 5월 법무부 산하 '포용적 가족문화를 위한 법제개선위원회'는 민법 781조 1항을 전면 개정해 "자녀의 성은 부모가 협의해 정하는 것을 원칙으로 하라"고 법무부에 권고했어. 2021년에는 여성가족부도 '제4차 건강가정기본계획'을 발표하면서 아빠 성을 따르는 '부성주의'를 폐기하고 부모 협의로 결정하게 하는 제도 개선을 추진하겠다고 밝혔어. 국회를 통과하지 못하고 있지만 부성주의 원칙을 폐기하자는 민법 개정안도 꾸준히 발의되고 있지.

제도 개선보다 더 중요한 것은 바로 사회적 인식이야. 할머니와 할아버지, 엄마와 아빠, 가족 구성원이면 누구나 평등한 존재라는 것, 가족의 대소사를 오로지 '남성'만이 결정할 수 있다고 생각한 시대는 명백히 남녀 차별이 존재하던 '과거'였기 때문에 이제는 우리 모두가 함께 변화해야 한다는 것, 이 점을 다 같이 기억할 때 성별에 관계없이 모두가 행복한 사회를 만들 수 있잖아. 다행히 최근에는 국민 10명 중 7명이 "아버지 성을 원칙적으로 따르는 현재의 제도 대신 자녀의 출생 신고를 할 때 부모가 협의해 성과 본을 정할 수 있게 해야 한다"는 데 찬성한다는 설문 조사 결과도 있어.

가족 안 차별 문화

자녀의 '성'을 결정하는 제도는 단순히 누구의 성을 따를 것이냐는 문제를 넘어 사회적으로 굉장히 다양한 의미를 지니고 있어. 특히 여성의 권리에 대해서 말이야. 부성주의를 오랫동안 연구해 온 서울대 법학과 양현아 교수의 설명을 조금 인용해 볼게.

"부성주의는 여성의 성적 자기결정권과 재생산권부터 침해하는 제도예요. 여성이 성관계·동거·결혼·이혼·재혼 등에 따른 모든 선택권에서 자신이 판단의 주체가 될 수 없는 거죠. 여성은 성관계를 맺으면 언제나 임신할 수 있는 가능성이 있는데, 부계 성본주의가 온전히 존재하는 상황에서는 모든 아이들이 '법적으로 인정받을 수 있는 아버지'를 필요로 할 수밖에 없어요. 한국은 사실혼의 요건이 엄격하고 미혼·비혼모가 될 경우 차별이 심하기 때문이죠. 기혼 여성뿐만 아니라 미혼·비혼 여성 모두에게 광범위한 영향을 미치고, 여성이 남성에게 구속되도록 만드는 제도예요. 가족 안에서도 무의식적으로 엄마는 덜 중요한 사람으로, 아빠보다 열등한 사람으로 인지하게 하는 효과도 있고요."

가족 안에서 차별적인 문화는 '부성주의' 외에도 많이 남아 있어. '세대주'는 보통 남성이 맡는다거나, 장례식을 치를 때 남성만 상주가 될 수 있다고 여기는 문화도 그중 하나야.

우리나라 모든 법과 제도의 바탕이 되는 헌법에는 "혼인과 가족생활은 개인의 존엄과 양성의 평등을 기초로 성립되고 유지되어야 하며 국가는 이를 보장한다"(36조)고 되어 있어. "모든 국민은 인간으로서의 존엄과 가치를 가지며, 행복을 추구할 권리를 가진다"(10조)는 조항도 있고. 그런데 현재 부성주의는 과연 이러한 헌법 조항에 맞는 걸까? 가까운 미래에는 모든 가족 구성원이 평등한 사회가 오면 좋겠어.

여성가족부는
당연히 폐지돼야지!

예산이 50억이나?
그렇게나 많은 돈이
왜 필요하다고.
허, 참!

이름부터가 마음에
안 들어!
가족이면 가족이지,
여성가족부가 뭐람!

인경아, 그냥 가자.

왜? 왜 늘 참아야만 돼?

괜찮으시면
인터뷰 가능하실까요?
저는 오비엔 오인경
기자라고 합니다.

여성가족부를 둘러싼
시민들의 편견과 오해를
취재하고 있어서요!

여성가족부. 줄여서 보통 '여가부'라고도 하지. 우리나라에서 성평등·가족 정책을 만들고 실행하는 부처 가운데 하나야. 다른 여러 부처보다 인력과 예산이 많이 적어서 '미니' 부처로 여겨지지.

한국 사람 중에 이 여가부를 모르는 사람은 아마 없을 거야. 여가부를 둘러싼 논의가 늘 시끌시끌하거든. 특히 최근 온라인상에서는 훨씬 더 시끄러워. 여가부를 '긍정적'인 의미로 말하는 것을 들어 본 사람은 얼마나 될까? 글쎄. 여가부를 비판하는 목소리를 들은 경우가 더 많을 거야. 단순히 비판하는 정도를 넘어 장관이 물러나야 한다거나 부처를 아예 없애야 한다는 주장도 종종 나왔어. 2022년 3월에 치러진 제20대 대통령 선거에서 가장 화제가 된 공약 중 하나가 바로 당시 윤석열 대통령 후보의 '여성가족부 폐지' 공약이기도 했지.

그렇다면 여가부는 정말 없어져야 할 부처일까? 여가부가 도대체 무얼 잘못했기에 이런 이야기가 나올까? 한국 말고 다른 여러 나라에도 여가부와 비슷한 부처가 있는데, 왜 유독 한국의 여가부는 이렇게 집중포화를 받을까?

이번 장에서는 '여가부를 둘러싼 오해와 진실'을 짚어 보려고 해. 왜냐하면 여가부의 존재와 역사를 모르는 채로는 한국에서 성평등을 이야기하기 어려운 측면이 있거든. 하나씩 차근차근 알아보자.

여성만 돕는 곳이 아니야

무엇보다도 앞에 '여성'이라는 단어가 붙다 보니 여성가족부를 오로지 '여성'만 돕는 곳으로 오해하기 쉬워. 여가부는 여성에 대한 차별이 지금보다 더 심했던 2001년에 '여성부'라는 이름으로 시작했지. 가정폭력·성폭력 피해자를 지원하고, 여성의 사회 진출을 돕고, 남녀 차별을 시정할 수 있는 제도를 만들고, 여성의 지위 향상을 위한 정책을 만드는 부처가 필요하다는 판단에서 구성됐어. 그 뒤 부처 규모가 점점 커지면서 가족 관련 업무, 특히 아이를 잘 키울 수 있게 돕는 보육 정책과 청소년을 위한 정책이 포함돼.

여가부 예산이 막대하고 이 예산이 전부 여성만을 위해 쓰인다는 것도 사실이 아니야. 여가부 1년 예산은 정부 전체 예산의 0.24%(2022년 기준)밖에 안 돼. 이 가운데 60% 넘는 예산은 맞벌이 부부가 아이를 키우는 데 꼭 필요한 '아이돌보미'

서비스를 제공하거나 미혼모·미혼부 같은 한 부모 가족을 지원하는 데 쓰여. 남녀 구분 없이 모두 혜택을 보는 셈이지. 학교에 적응하지 못하거나 생활이 어려운 위기 청소년을 지원하는 데도 전체 예산의 20%가량이 쓰여. 성폭력·가정폭력 같은 강력 범죄나 디지털 성범죄 따위의 신종 범죄 피해자들을 구제하고 지원하는 예산은 10%가 조금 안 되고.

어때, 이런 일들이 정말 '여성만'을 위한 것일까? 남녀 구분 없이 필요한 사람이라면 모두 혜택을 받을 수 있는 일이야. 다른 부처에서 제대로 지원받지 못하고 소외된 계층에게 국가 기관으로서 해야 하는 일을 도맡아 하고 있어.

여가부를 비난하는 가장 큰 이유 중 하나인 '게임 셧다운제'도 다시 뜯어 볼 필요가 있어. 16세 미만 청소년들이 0시부터 오전 6시까지 인터넷 게임을 하지 못하게끔 강제적으로 금지한 제도인데, 이 제도를 여가부가 주도적으로 도입했다는 식의 주장이 오랫동안 사실처럼 받아들여져 왔지. 특히 인터넷 게임을 즐기는 이들 중에 남성의 비율이 더 높다 보니, '남성의 영역'을 감히(?) '여성가족부'가 제재했다는 데 대한 반감이 넘쳐났어. 이 주장은 '게임 셧다운제'가 시행된 지 10년 만인 2021년에 폐지될 때까지 여가부를 공격하는 단골 소재로 쓰였지.

그런데 엄밀히 따져 보면 이것은 사실이 아니야. '게임 셧다운제'를 처음 제안한 곳은 국무총리 직속 청소년보호위원회였어. 청소년보호위원회의 역할과 업무가 나중에 문화체육관광부와 보건복지부를 차례로 거쳐 마지막으로 여가부에 들어오면서 여가부가 게임 셧다운제를 주도했다는 오해가 생긴 거야. '셧다운제'가 담긴 법안(청소년보호법 개정안)이 국회에서 만들어지고 통과되는 과정도 실제로는 국회의원들이 주도해서 이뤄졌어.

반대로 이 제도를 폐지하고 게임 이용 시간을 보호자와 자녀가 자율적으로 조절하는 제도로 바뀌는 과정에서는 오히려 여성 의원들이 적극 나섰어. 그 노력 끝에 드디어 2021년 '셧다운제'를 폐지하는 법안이 국회를 통과했지.

여성 할당제의 진정한 의미

셧다운제처럼 여성 정책과 여가부를 비판하는 데 자주 쓰이는 제도 하나를 더 살펴볼까? 바로 '여성 할당제'야. 여성 할당제는 그동안 남성을 중심으로 구성돼 불균형하고 불평등한 현실을 바꾸기 위해 논의되는 대표적인 제도로, 여성이 일정 비율 참여할 수 있게 도와주는 지렛대 구실을 하지. 주로 국회의원이나 각 부처 장관들 중 최소 30%는 여성이어야 한다고 주장할 때 많이 언급되곤 해. 이렇게 강제적인 장치를 마련하지 않으면 남성 위주로 뽑아 왔던 잘못된 관행과 주요 공직자는 남성이어야만 한다는 편견을 자연스럽게 해소하기가 어렵다고 판단했기 때문이야. 이런 '소수자 우대 정책'은 우리나라뿐 아니라 여러 나라에서 더욱 평등하고 다양한 사회를 만들고자 도입한 제도야.

그런데 여성 할당제가 한국에서 시행되면서 남성들이 '역차별'을 받고 있을까? 답은 '아니오'야. 일단 한국에서 명시적으로 시행되고 있는 여성 할당제는 없어. 일반 사기업에서 직원을 채용할 때 여성 선발 비율을 정해 놓진 않아.

다만 공무원 채용 과정에는 '양성 평등 채용 목표제'가 시행되고 있어. 이것은 여성을 '반드시 30% 이상 뽑아야 한다'는 뜻이 아니라 전체 선발 인원 중 최소 30% 이상은 특정 성별이 차지할 수 없게 하는 제도로, 합격자가 한 성별에 쏠리는 것을 막는 제도야. 만약 한 성별이 30%를 채우지 못하면 기존 선발 예정 인원을 초과해 합격시키고 있지.

이 제도로 여성만 혜택을 받는 것 아니냐고? 그렇지 않아. 2003년부터 2019년까지 지방직 공무원 가운데 남성 1898명,

여성 1317명이 이 제도 덕분에 추가로 합격했어. 국가직 공무원의 경우, 2015~2019년 통계에 따르면 남성 추가 합격자가 여성 추가 합격자보다 36명이 많아. 남성도 이 제도의 혜택을 함께 받고 있는 셈이지.

기업의 여성 임원 비율은 왜 낮을까?

국회의원 후보를 선정하는 과정에는 여성 할당제가 일부 적용돼. 비례 대표 후보 중 50%는 여성에게 할당하도록 2000년에 법을 개정했거든. 그렇지만 효과는 그리 크지 않아. 국회의원 중에는 지역구를 대표하는 의원이 다수이고 비례 대표 의원 수는 적기 때문이야. 실제로 '비례 대표 여성 할당제'를 도입한 뒤에도 여성 국회의원 비율은 아주 조금씩(2%포인트) 높아져. 17대 국회에서 여성 의원 비율은 13%였는데 21대 국회의 여성 의원 비율은 19%야. 50%는커녕 30%도 안 돼. 국민의 절반이 여성이라는 점을 고려해 보면, 여전히 불균형한 비율이지.

국회와 마찬가지로 기업 임원 중에도 여성이 너무 부족해서 2020년부터는 일정 규모의 회사(자산 총액 2조 원 이상인 주권 상장 법인)는 이사회가 특정 성별로만 구성되지 않아야 한다는 법이 시행됐어. 앞서 여성이 결혼·출산 등을 거치며 노동 시장에서 '경력 단절'이 일어난다는 점을 짚었지? 현실이 이렇다 보니 당연히 회사 고위 임원 중에는 여성이 절대적으로 적어. 국내 회사 중 매출 규모가 큰 상위 200대 기업(상장사)의 전체 임원 가운데 여성 임원은 2.7%에 불과해.

애초에 한국에서는 이사회의 최소 3분의 1은 특정 성별이 구성해야 한다는 법이 제안됐는데, 하도 반대가 심해서 '최소 1명 이상'을 두도록 축소됐어. 이사회 구성원의 40%를 여성으로 채워야 한다고 규정한 노르웨이 등 다른 나라에 견주면 아직 미미한 수준이야. 즉 '여성 할당제'로 여성들만 혜택을 많이 받고 있으니 모든 여성 할당제를 폐지하라고 주장하기에는 제도 자체가 너무나 제한적이야.

그렇다면 한번 질문을 바꿔 볼까? '남녀 차별'이 없다고 많은 사람들이 주장하는데, 어째서 여성은 남성과 같은 교육을 받는데도 사회의 많은 영역에서 여성이 차지하는 비율은 아직도 30%가 안 될까?

유엔은 인류가 지속 가능한 발전을 위해서 달성해야 할 목표를 17개로 정해 두었는데, 그중에는 '성평등'도 포함돼 있어. 성평등한 사회를 만드는 일이 인류의 보편적인 과제 중 하나라고 천명한 거야. 성평등은 특정 성별의 권리를 빼앗아서 다른 성별을 돕는 '제로섬 게임'이 아니야. 대신 지금까지의 불합리하고 불균형한 점을 평등하게 조정함으로써 다 함께 잘 사는 사회를 만들 수 있게끔 돕는 장치지.

여가부는 성평등한 사회를 목표로 두고 여러 정책을 마련해 왔어. 영국·캐나다·스웨덴·프랑스 등에는 여가부와 비슷한 '성평등부'가 있고 독일에는 '노인·여성·청소년부'가 있지. 게다가 한국의 여가부보다 권한과 책임이 훨씬 더 많은 편이야. 우리나라에서 여가부는 성차별을 시정하라고 권고할 수 있을 뿐 이를 강제하는 권한이 없는 반면, 외국에서는 관련 부처가 차별 사례를 직접 감독할 수 있는 권한이 있어.

여가부 역사가 상대적으로 오래되지 않은 만큼 성평등한 사회를 만들기 위해 어떤 역할을 어떤 방법으로 할 것이냐를 둘러싼 논의는 물론 필요해. 그렇지만 무작정 비난하거나 폐지한다면 한국이 발전하는 데 오히려 아무런 도움이 되지 않지. 습관적인 비난을 하는 대신에 어떻게 하면 우리나라도 성평등한 사회가 될 수 있을지 고민해 보면 어떨까?

'페미'가 뭐 어때서?

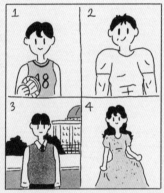

2020년 도쿄 올림픽에 출전한 안산 선수가 쇼트커트를 한 점이 화제가 된 적이 있지. 여성인데 머리가 짧고 안산 선수가 '여대'를 다닌다는 점 때문에 '페미니스트' 아니냐면서 온라인 커뮤니티를 중심으로 비난하는 일이 벌어졌어. 안산 선수가 훌륭한 성적을 내면서 이런 비난이 조금 가라앉긴 했지만, 일반인 여성이 머리를 짧게 자르면 온라인을 중심으로 '페미니스트'라면서 비난하는 모습을 여전히 볼 수 있어.

안산 선수가 머리를 짧게 잘랐다는 이유로 온갖 공격을 받자 외국 언론이 이 현상을 주목했어. 로이터통신은 한국 젊은 남성들의 반페미니즘 정서가 이런 공격의 배경에 있고 선수의 짧은 머리가 '반페미니스트'들을 자극했다고 보도했지. 영국 BBC방송은 안산 선수가 "온라인 학대"를 당하고 있다고 지적했어. 한 기자는 "페미니즘은 한국에서 더러운 의미의 단어가 돼 버렸다"고 표현하기도 했지.

두 언론의 지적은 사실이야. 한국에서 '페미니즘' 또는 '페미니스트'라는 단어는 오랫동안 비난과 조리돌림의 대상이 되는 말이었어. '꼴페미' '메갈'이라는 단어처럼 페미니스트를 좋지 않은 의미로 비하하는 말이 널리 사용되고 있고. 학교에서는 성평등 관련 이야기를 꺼내면 "너 페미야?"라고 따져 물으며 낙인찍는 일이 빈번하다고 해.

도대체 페미니즘이 뭔데 그러는 걸까? 왜 페미니스트를 그토록 비난하는 걸까? 페미니즘과 페미니스트에 편견을 품은 많은 사람들은 아마 이렇게 생각하고 있을 거야. 페미니즘은 '여성이 남성보다 우월해야 한다'고 주장하는 사상이고, 페미니스트들은 '남성의 권리를 빼앗아 가는 사람들'이라고. 그렇지만 이건 잘못된 생각이야.

페미니즘의 진짜 의미

페미니즘은 성별이나 성정체성을 이유로 벌어지는 차별과 폭력을 없애야 한다는 생각을 담고 있어. 내가 남성, 여성 또는 성소수자라는 이유로 정치·경제·사회·문화 등 어떤 영역에서건 차별받는 일은 부당하기 때문에 이를 바꾸고 개선해 나가자는 운동이지. 지금 현실적으로 존재하는 차별에 집중하다 보니, 주로 차별받는 사회적 약자와 연대하는 경향이 강해.

다른 많은 사상과 마찬가지로 페미니즘도 종류가 매우 다양해. 인간이 자연환경을 착취하는 현상, 즉 인간과 환경 사이에 불평등한 권력관계가 있다고 보고 환경의 관점에서 페미니즘을 실천하는 '에코 페미니즘'을 비롯해 남성 중심주의, 즉 가부장제가 존재하는 사회 자체를 완전히 재구성해야 한다고 주장하는 '급진 여성주의'까지 다양한 스펙트럼이 있지.

페미니스트는 이러한 사상에 기반해 성별이나 성정체성에 기반해 발생하는 차별을 철폐하고 폭력에 대항하는 운동을 하는 사람들이야. 그런데 왜 주로 여성의 권리만 주장하느냐고 반문할 수도 있어. 그 이유는 인류 역사 자체가 남성을 중심으로 흘러왔기 때문이야.

정치적·사회적 권리, 경제적 자원 등은 오랫동안 남성만이 누릴 수 있었어. 가정 안에서도 권한은 오로지 '아버지'에게만 주어졌고. 이처럼 남성(아버지)만이 권력과 자원을 독점하는 걸 '가부장제'라고 하는데, 이 가부장제 사회에서 여성의 권리는 오랫동안 억압받아 왔어. 역사적으로 백인이 다른 인종을, 비장애인이 장애인을, 이성애자가 동성애자를 차별해 온 것처럼 말이야. 그래서 페미니스트는 여성을 포함한 소수자들이 동등한 권리를 누릴 수 있는 사회를 추구하며 연대하기도 하지.

이렇게 한쪽으로 기울어진 사회를 조금씩 평등한 방향으로 바꿔 보자는 게 바로 페미니즘 운동이야. 이쯤에서 이런 의문이 들 수도 있어. "그런데 남성도 차별받고 있는 것 아니야?"

"한국에서는 남성만 의무적으로 군대를 가잖아!" "이건 여성들에게만 혜택을 주는 '역차별'이야."

페미니즘 운동은 역차별일까?

이런 인식 때문에 페미니즘 운동은 종종 '역차별'이라는 반론에 부딪쳐. 그런데 과연 그럴까?

앞 장에서 여성의 권리를 주장하는 게 남성의 권리를 '빼앗는' 제로섬 게임이 아니라고 얘기했어. 이번 장에서는 왜 그런지 좀 더 자세히 살펴보려고 해.

손아람 작가는 남성만 군대에 가고, 남성만 위험 노동을 전담하며, 남성이 데이트 비용을 내고 가족을 부양하는 일은 '역차별'이 아니라 예전부터 존재하는 차별 때문에 발생한 '차별 비용'이라는 관점에서 바라봐야 한다고 지적한 바 있어.

이렇게 남성에게 더 많은 의무와 부담을 지우는 제도나 문화는 다름 아닌 남성이 스스로 만들어 온 거야. 대체 왜 그랬을까? 오랫동안 남성은 여성을 연약한 존재, 신체적으로 능력이 부족한 존재로 바라보았기 때문이지. 또 남성만큼 경제 활동을 하지 못하는 데다 남성과 똑같은 임금을 받기에는 결핍

된 존재라고 여겼어. 이는 성차별적 사고인데, 이런 인식이 보편적으로 퍼지다 보니 결국 험한 일이나 가족 부양하는 일을 남성이 모두 떠안는 식으로 문제를 해결해 온 거야. 즉 성차별적 사고가 선행됐기 때문에 지금 남성들이 차별에 따른 비용을 치르고 있다는 게 손아람 작가의 설명이야.

그런데 '차별 비용'을 치를 수밖에 없는 역사적인 맥락과 사회적 구조는 당장 눈에 보이지 않으니, 많은 남성들은 마치 자신이 손해 본다고 느낄 수밖에 없는 거지. 만약에 이런 성차별이 존재하지 않았다면? 성별이 아니라 개인의 특성을 토대로 권리를 보장받을 수 있었다면? 남성이 과연 지금처럼 신체적·정치적·경제적인 부담과 권한을 모두 지니게 됐을까?

군대 제도를 둘러싼 논의

여기까지 읽어도 머릿속에서 떨쳐지지 않는 생각이 있을 거야. 바로 군대 문제야. 분단국가라는 특성상 한국에서는 남성이 의무적으로 군대에 가게 돼 있잖아. 더구나 한창 자유로울 수 있는 젊은 나이에 말이야. 또래 여자 친구들은 사회나 학교에서 즐겁게 생활하는 시기에, 내가 남자라는 이유로 군

대에 가는 건 너무 불공평하고 억울하다고 여겨질 수 있어. 군
대 이야기를 조금 더 해 보자.

군대 문제, 특히 우리나라처럼 '신체 건강한 남성'만 의무로
가야 하는 '징병제'와 관련해서는 복잡한 논의가 필요해. 남북
관계, 필요한 군대 규모, 군 현대화 같은 이슈부터 군대 내 폭
력·성폭력 문제, 군인 처우 문제까지 복잡하게 얽혀 있거든.
정치권에서는 군인의 처우를 개선하자는 논의부터 징병제 대
신에 희망하는 이들만 입대하게 하는 모병제를 도입하자는 얘
기까지 나와. 물론 징병제가 안고 있는 문제점에 공감하면서
도, 모병제 전환 논의는 아직 많이 진전되지 않았어. 아무래도
분단 상황이 영향을 미치기 때문이지.

우리가 하나 더 살펴봐야 할 문제는 '군 가산점'이야. 군 가
산점 제도는 군대에 다녀온 이들이 국가 기관이나 지방 자치
단체, 학교, 20명 이상 공기업·사기업 등에서 채용 시험을 볼
때 가산점을 주는 제도야. 1961년부터 시행된 이 제도는 헌
법 재판소가 헌법상 근거가 없는 데다 "여성과 장애인 등의 평
등권과 공무담임권(국민이 국가나 공공 단체의 일을 맡아볼 수 있는
권리)을 침해한다"고 '위헌'(헌법에 어긋난다)이라는 결정을 내
리면서 폐지됐어. 그 뒤 정치권에서는 20대 남성의 지지를 받
고 싶을 때마다 군 가산점 제도를 다시 부활하자는 얘기가 튀

어나오곤 했지.

군대 때문에 역차별을 받는다는 주장

군 가산점 제도가 필요하다고 말하는 이들, 군대 때문에 남성이 역차별을 받는다고 말하는 이들은 주로 군대 때문에 남성이 취업 시장에서 불이익을 받는다고 주장해. 취업 시기가 군대를 가지 않는 여성·장애인 등에 견줘 늦어질 수밖에 없는데, 이것이 남성에 대한 (역)차별로 이어진다는 주장이야.

그렇다면 군대에 다녀온 20대 남성은 정말 취업하기가 어려울까? 현실은 그렇게 보기 어려워. 한 연구에 따르면 군 복무가 취업은 물론이고 첫 임금에 오히려 긍정적인 역할을 하는 것으로 분석됐다고 해. 현역 군 복무자는 졸업 후 첫 직장에 들어갈 때까지 평균 10개월이 걸리는데 비대상자(여성)는 13개월이 걸렸고, 졸업 후 첫 직장에서 받는 임금도 현역 복무 대상자가 비대상자보다 많을 가능성이 높은 것으로 나타났어. 특히 군 복무 기간을 경력으로 산정해 임금에 반영하기 때문에 같은 해에 입사하더라도 현역 복무 대상자가 더 높은 임금을 받는 경우가 많지.

문화적인 측면도 짚어 봐야 해. '군대에서 축구한 이야기'만큼 남성들이 공감하는 이야기는 없다고 하잖아. 한국은 남성 중심적 군사 문화가 지금껏 강하게 남아 있는 나라야. 군대 경험을 바탕으로 유대감을 나누고 서로 지원하는 강력한 '남성 연대'가 나타나곤 하지. 군 미필인 사람을 '2등 시민'처럼 여기는 경향도 강해. 같은 남성 사이에서도 현역 입대가 아니면 무시하는 분위기가 있고. 군 가산점 제도는 폐지됐어도, 병사 봉급을 올린다거나 복무 기간 동안 교육 또는 취업에 도움 되는 일을 할 수 있게 하는 제도가 활발히 논의되고 있어. 현역에 복무하지 않는 비대상자를 희생하거나 차별하지 않되, 군 복무에 따른 혜택을 주는 방법들이지.

이처럼 많은 논의가 있지만, 군대 제도와 관련해서는 아직 더 많은 논의가 필요해. 보상 제도를 아무리 촘촘히 만들어 준다고 해도 당장은 입대 대상자들의 시간과 신체적 자유가 사라지는 게 사실이잖아. 다만 이번 장에서 살펴본 것처럼 군대 제도를 둘러싼 논의는 남북 관계를 포함한 여러 요소를 따져 가며 진행해야 해. 단순히 "여자도 군대를 가면 해결된다"라고 볼 수는 없어. 많은 페미니스트들은 징병제에서 모병제로 전환하라고 요구하고, 더 나아가 군사력 대결을 넘어설 수 있는 평화 운동에 열심히 참여하기도 해.

이번 장을 통해 페미니즘과 페미니스트를 다시 한번 생각
해 보는 계기가 마련되면 좋겠어. 성별에 관계없이 다 같이 존
중받고 평등하게 살아가는 사회, 그게 바로 페미니즘을 실현
할 때 가능한 세상이라는 점을 기억하고 일상에서 이를 어떻
게 실천할 수 있을지 고민해 보자.

성평등한 사회가 되면 '모두가 잘 사는 나라'가 될 가능성이 좀 더 높아져. 성차별로 발생하는 경제적 손실이 꽤 크거든. OECD는 2019년에 발표한 〈사회 제도와 젠더 지수 글로벌 리포트〉에서 여성 차별로 인한 경제적 손실이 전 세계 국내 총생산(GDP) 합계의 7.5%에 이른다고 추산했어. 이는 2019년 기준 약 6822조 원에 해당하는 규모야. 1조 원도 엄청나게 큰 액수인데 6900조에 이른다니, 얼마나 큰 손해인지 대략 짐작할 수 있겠지? OECD는 여성의 진출과 활동을 가로막는 장벽이 사회 곳곳에 여전히 존재하고 이 때문에 여성의 능력이 제대로 발현되지 않아 경제적 손실을 보고 있다고 봤어. 한국만 해도 여성과 남성이 '교육받을 기회'의 측면에서는 차별받는 경우가 드물어. 그런데 기업의 고위직이나 정치권에 진출하는 이들은 남성이 절대적으로 많지. 이것은 단지 남성의 능력이 뛰어나기 때문에 발생하는 자연스러운 일일까?

그렇지 않아. 앞서 우리가 차례대로 살펴본 여성의 성 역할에 대한 고정 관념, 예를 들어 가사 노동과 돌봄은 여성이 전담해야 한다거나 여성은 '이성적이지 않다'는 식의 편견이 곳곳에서 여성의 활동에 장애물이 되기 때문이야. 전통적으로 '남성의 영역'이라고 여겨지는 곳에선 여성을 반기지 않는 유리 천장도 아직 단단해.

성평등한 사회를 만들기 위해 지금 한국에 필요한 제도는 무엇일까? 국민의 성비에 맞춰서 여성 정치인을 뽑는 일? 여성이 경력 단절을 겪지 않게끔 획기적인 돌봄 정책을 마련하는 일? 만약 나에게 권한이 있다면 어떤 제도를 만들고 싶은지 자유롭게 이야기해 보자.

만들고 싶은 제도	이유

한국은 경제 규모로는 세계 10위권 안에 드는 선진국이지만, 성별 간 격차가 몹시 높은 편이야. 성평등 분야에서만큼은 후진국이라는 뜻이지. 세계 경제 포럼(WEF)은 2006년부터 해마다 경제적 참여와 기회, 교육 성과, 보건, 정치 권한 등 4개 부문의 성별 격차를 측정해 〈세계 젠더 격차 보고서〉(Global Gender Gap Report)를 발표해. 이 보고서에서는 성평등한 순서대로 국가별 순위를 매겨 발표하는데, 한국은 2022년 전체 146개국 중 99위로 하위권에 머물러 있어. 한국보다 경제 규모가 작은 베트남(83위)이나 캄보디아(98위)가 오히려 더 성평등한 국가로 조사됐어.

한국이 이렇게 낮은 순위를 기록한 데는 특히 여성의 노동 참여율이 낮고, 비슷한 업무를 하는데도 남녀의 임금이 불평등한 편이라는 점이 영향을 끼쳤다고 해. 코로나19가 유행하면서 많은 여성이 일자리를 잃은 점도 원인이 됐어. 세계 경제 포럼은 2022년 현재 한국의 격차를 고려할 때, 여성이 경제·교육·건강·정치 분야에서 남성과 동일한 기회를 얻으려면 앞으로 무려 132년이 걸릴 것으로 예상했어. 세상에, 너무 길지?

학교 안으로만 한정하면 여성과 남성이 큰 차이가 없어 보일 수 있어. 딱히 여성이라고 해서 차별받는 것도 아닌 듯하고. 가끔은 오히려 남성이 더 억울한 것 같기도 하고. 그러나 이런 조사 결과는 한국에 구조적인 성차별이 여전히 존재하고, 우리가 이를 정확히 인지해서 개선해 나가는 것이 얼마나 중요한지를 알려 줘. 지금 이대로라면 우리 다음 세대, 아니 다다음 세대나 돼야 성평등한 나라에서 살 수 있을지도 몰라.

 이처럼 성차별적인 사회가 유지된다면 결국은 모든 성별이 어려움을 겪을 거야. 여성과 성소수자는 남성 중심 사회에서 불평등한 대우와 억압을 끊임없이 감내해야 하지. 남성은 앞서 우리 부모님 또는 조부모님 세대가 겪은 것처럼 더 많은 권한을 쥐는 대신에 더 많은 의무와 부담을 떠안아야 해. 생각만 해도 한숨이 절로 나오지 않아?

페미니즘은 이런 현실을 더 나은 방향으로 바꿔 갈 수 있게 도와주는 아주 유용하고 효과적인 도구야. 성평등한 국가는 부당한 억압이나 지나친 부담에서 벗어나 더 행복한 삶을 꾸릴 수 있게 도와주는 최소한의 안전망이지. 우리가 페미니즘을 적극적으로 배우고 실천할수록 '132년'이라는 시간도 단축할 수 있을 거야. 더 나은 환경은 결국 내가 스스로 만들어 가는 거잖아. 오늘부터라도 성차별적인 표현을 쓰지 않고 지나치게 여성을 성적 대상화한 콘텐츠는 소비하지 않는 것부터 시작해 보면 어떨까.

2023년 봄
박다해

참고한 자료

1장 내가 쓰는 언어가 차별적이라고요?

- '레깅스 촬영' 무죄 → 유죄… 대법 "분노·모멸감도 성적 수치심", 한겨레, 2021.01.06.
- '대림동 여경' 논란이 뜻하는 것, 경향신문, 2019.05.19.
- 사상 첫 '대표 vs 대표'… 다른 삶 두 여인, 정치 최전선에 서다, 조선일보, 2012.01.18.
- 대법원 2011도8805 판결.
- 검찰, '성적 수치심' → '성적 불쾌감' 성차별 용어 바꾼다, 한겨레, 2021.05.25.
- 국립국어원, 〈이런 말에 그런 뜻이?〉.
- 서울YWCA, 〈대중매체 양성평등 내용분석 보고서〉, 2021.
- 표준국어대사전.

2장 고정 관념이나 편견 말고, 우리에게 '진짜' 중요한 것

- [단독] '마른 몸 신화'에… 거식증 환자 중 10대 여성 가장 많다, 한겨레, 2020.10.12.
- [단독] 중학교 교사출신 수학자, 세계적 난제 풀었다, 매일경제, 2022.04.25.
- [유용하 기자의 사이언스 톡] '여자는 수학·과학 못해' 편견이 흥미 낮춘다, 서울신문, 2021.03.24.
- "과학기술의 젠더혁신, 멋진 일이 이뤄졌고 과거로 되돌아갈 수 없다", 한겨레, 2019.06.08.

"여성은 야간에도 메이크업 필수" "볼터치는 반드시", 여전한 승무원 용모 규정, 한겨레, 2019.10.01

"여자가 공대는 무슨" 오랜 편견 넘어서려면, 한겨레, 2021.06.25.

[광고비평] '엄마는 육아, 아빠는 직장인' 현대차 싼타페, AP신문, 2020.06.29.

이공계 내 성희롱/성차별 공개된 사례 아카이빙.

배구선수 김희진 "머리 스타일요? 지금 2021년이잖아요", 한겨레21, 2021.10.05.

"무엇을 입을지는 우리가 정한다"… '노출 없는 유니폼' 독일 여자체조팀, 한겨레, 2021.07.26.

"여성들은 일단 배트 맞으면"… 야구 방송서 울려퍼진 혐오, 중앙일보, 2022.05.21.

남자 배구보다 인기 높은 여자 배구 '상금 차별'은 그대로, 경향신문, 2022.01.10.

'집안일 엄마몫?'… 코로나 광고 성차별 논란에 철회, 노컷뉴스, 2021.01.29.

아직도 '태극낭자' '미녀검객'… 성차별 올림픽 중계 이제 그만, 여성신문, 2021.07.26.

[뉴있저] 올림픽에 웬 '낭자, 엘프, 여신'?, YTN, 2021.07.27.

[웅진씽크빅] 스마트쿠키 웹CF 합본.

[광고] 더 뉴 싼타페 프리런칭 – "끄떡없이 버틸게" 편.

[광고] 더 뉴 싼타페 프리런칭– "엄마의 탄생" 편.

B tv 패밀리 – '아빠의 TV'편.

B tv 패밀리 – '엄마의 TV'편.

같은 항암제인데 왜 여성에 부작용 더 많을까, 한겨레, 2019.06.08.

남학생은 수학, 여학생은 언어? '못 한다' 믿으면 진짜 못한다. 중앙일보, 2019.12.08.

마리 힉스, 《계획된 불평등》, 권혜정 옮김, 이김, 2019.

서울YWCA, 〈대중매체 양성평등 내용 분석보고서〉, 2021, vol.5.

에어로케이 첫 젠더리스 유니폼 "성 상품화 지양", 한겨레, 2020.06.25.

통계청, 〈2019년 일·가정 양립지표〉, 2019.

통계청, 〈생활시간조사〉, 2020.

3장 우리는 사물이나 대상이 아니거든요!

[단독] "여 아나운서는 질려서"… 지역MBC '채용 성차별' 논란, 한겨레, 2019.09.03.

[사설] 성폭행 가사까지… '여혐' 힙합, 표현의 자유 넘었다, 한겨레, 2019.04.01.

[유레카] 탈코르셋과 자유의 쓰레기통, 한겨레, 2018.06.04.

[특파원리포트] 베를린 농구팀, 치어리더 폐지… "여성은 막간 오락물이 아니다", KBS, 2019.09.29.

"남녀 합격자 4 대 1로"… 하나은행 성차별 채용, 국민일보, 2018.04.02.

〈한국 힙합에 나타난 루저 남성성 담론과 여성 혐오―블랙넛 사례를 중심으로〉, 김수아·홍종윤, 《대중음악》 통권 18호, 2016.

20년전이나 지금이나… 꿈쩍않는 '외모 지상주의', 한겨레, 2016.02.15.

로드걸·치어리더 성추행… 스포츠 여성노동자 성 상품화 심각, 여성신문, 2016.12.14.

미투·탈코르셋 시대… '미스 코리아'는 올해도 비키니 행진, 한겨레, 2018.07.06.

블랙넛 "때려서라도 내 걸로 만들래" 가사 논란… 임보라도 언급, 중앙일보, 2019.06.14.

수영복 심사 폐지한다며… 미스 코리아 대회 "수영복 영상은 공개", 한겨레, 2019.07.04.

이런 말까지? 성차별 면접 피해자 한둘이 아닙니다, 오마이뉴스, 2021.04.21.

일베 '황다건 성희롱' 뒤… "성상품화 없애라" "아이돌도 없애냐", 중앙일보,

2018.12.16.
- 한국 남녀 임금격차 31.5%··· 30년간 OECD 국가들 중 1위, 조선일보,
  2022.05.16.
- 한국양성평등교육진흥원, 〈2021년 성평등 미디어 포럼 자료집〉.
- 한국콘텐츠진흥원, 〈2019년 만화 산업백서〉.

4장 꿈꿉니다, 성별이 내 미래를 결정하지 않는 사회

- '여성할당제' 폐지하라!··· 그런데 정작 폐지할 게 없다?, 한겨레, 2021.05.21.
- CEO스코어, 2020년 3월 기준.
- '엄마 성'이 예외가 아니게 될 때, 한겨레21, 2021.11.13.
- 아이 없는데 혼인신고때?··· 갈길 먼 '엄마 성 따르기', 한겨레, 2020.06.18.
- "엄마 성 따라봤자 외할아버지 성?" 양현아 교수가 댓글에 답합니다. 한겨레,
  2020.07.04.
- 국회입법조사처, 〈성평등 추진체계의 국내외 현황과 과제〉, 2022.12.28.
- 김성훈, 〈대학생의 군 복무가 구직기간과 임금에 미치는 영향 분석〉, 《국방정책
  연구》 제32권 제4호, 살림, 2016.
- 차별은 비용을 치른다, 세바시 848회, 2017.11.20.
- 안산 선수 향한 공격에 집중하는 외신들··· 로이터, "반페미니즘 정서에서 비롯
  된 온라인 학대", 경향신문, 2021.07.29.
- 여성가족부, 〈2020 가족 다양성에 대한 국민인식조사〉.
- 인사혁신처, 〈2020 공공부문 균형인사 연차보고서〉.